コンパクト版　保育内容シリーズ⑥

造形表現

谷田貝公昭［監修］
竹井 史［編著］

一藝社

監修のことば

　2017（平成29）年に「幼稚園教育要領」「保育所保育指針」「幼保連携型認定こども園教育・保育要領」が改訂（改定）され、そろって告示された。2018年4月より実施される。

　今回の改訂は、3つの施設、すなわち幼稚園、保育所、認定こども園を、幼児教育施設として認め、学校教育の基礎を培う場として、小学校以上の教育とのつながりを明確にしたことが特徴といえる。

　それぞれの園で就学までに「知識及び技能の基礎」「思考力、判断力、表現力の基礎」「学びに向かう力、人間性等」の3つの資質・能力を育てることを求め、それらの資質・能力の表れる具体的姿として、10の姿を挙げた。

　(1) 健康な心と体 -（領域）健康
　(2) 自立心 -（領域）人間関係
　(3) 協同性 -（領域）人間関係、
　(4) 道徳性・規範意識の芽生え -（領域）人間関係
　(5) 社会生活との関わり -（領域）人間関係
　(6) 思考力の芽生え -（領域）環境
　(7) 自然との関わり・生命尊重 -（領域）環境
　(8) 数量や図形、標識や文字などへの関心・感覚 -（領域）環境
　(9) 言葉による伝え合い -（領域）言葉
　(10) 豊かな感性と表現 -（領域）表現

である。

　これらは、幼児期にすべて完成し、確実にできるようになるということではなく、子どもたちが育っている方向性を表しているとしている。換言すれば、保育者と小学校の先生が「幼児期の終わりまでに育ってほしい姿」を共有するということである。

本「コンパクト版保育内容シリーズ」は、全体的には「健康」「人間関係」「環境」「言葉」「音楽表現」「造形表現」の6巻構成とした。

　本シリーズが完成したことは、なんといってもそれぞれの巻を担当した編者の努力に負うところが大きい。記して御礼申し上げたい。

　編者には、先の3法令を踏まえ、目次を立て、各章でぜひ取り上げてほしいことについて、キーワードをあげる作業をお願いした。また、保育内容の授業は、それぞれ15回実施することになっていることから、15章立てとした。

　執筆者は、それぞれの研究専門領域で活躍している人たちである。しかしながら複数の共同執筆者による協力的な著作であることから、論旨の統一や表現の調整に若干の不統一は免れ得ないが、多方からの批判叱正をお願いしたい。

　本シリーズが保育者養成課程にある諸子や保育現場の諸方にとって、研修と教養の一助ともなれば、執筆者一同、望外の喜びとするところである。

　なお、巻末に、「幼稚園教育要領」(抜粋)、「保育所保育指針」(抜粋)をつけた。ご利用いただければ幸いである。

　最後に、企画の段階から協力推進していただいた一藝社の菊池公男社長、小野道子常務、そして、編集担当の藤井千津子さん、松澤隆さん、川田直美さんに、衷心より御礼申し上げる。

　　2018年2月吉日

　　　　　　　　　　　　　　　　　　　　監修者　谷田貝公昭

まえがき

　平成29年3月に幼稚園教育要領、保育所保育指針、幼保連携型認定こども園教育・保育要領が改訂（改定）されました。ポイントとなるのは、幼稚園、保育所、幼保連携型認定こども園はいずれも「幼児教育を行う施設」であり、共通の見通しをもって子どもの学びを支えていく重要な役割を担っていることが示されたことです。世界的にも乳幼児期の教育が重要視される中で、日本でも、これからの社会を生き向く力を乳幼児期の教育で培っていくことが目指されているのです。

　環境を通して行う教育を基本とすることや、子どもの主体的な活動を大切にし、遊びを通しての指導を中心とするという考え方はこれまでと変わりありませんが、「育てたい資質・能力」や「幼児期の終わりまでに育ってほしい姿」などを育むために、保育の質を高めていくことが求められていると言えます。

　コンパクト版「造形表現」では、このような背景を踏まえながら、保育者が日常の保育の中で、子どもの造形活動をどのように理解し、どのように関わったり、環境を整えていけばいいのかについて、基本的な知識や考え方をまとめました。各章の構成に関しては、子どもの造形表現をとらえる時に是非、押さえておいて頂きたい項目を厳選しました。そ

の中では、できる限り日常の保育の中で出合うシーンを事例としてとりあげ、平易な解説をするように目指しました。

　本書をお読みになる読者の皆さんは、この項目のタイトルやその内容を意識して子どもの造形表現に接して頂き、子どもの造形遊びや造形表現の様々な局面においてどのような援助や環境づくりをすれば良いかを考えながら内容をさらに広げていただければこれほど嬉しいことはありません。

　　2018年3月吉日

　　　　　　　　　　　　　　　　　　　　　　　編著者　竹井　史

もくじ

監修のことば 2
まえがき 4

第1章 保育内容「表現」の意義

第1節 表現は何のためにするのだろう？ 9
第2節 子どもの表現力を育てる 10
第3節 表現活動の中における造形表現 11
第4節 幼児期における造形表現 13
第5節 造形表現と感性 15

第2章 領域「表現」の概要と造形

第1節 全体の概要 17
第2節 領域「表現」の概要 19
第3節 造形とは 22

第3章 造形表現と感性

第1節 感性とは 25
第2節 感性を育てる保育の環境 29

第4章 日常の遊びから生まれる造形活動

第1節 子どもの遊びと造形活動 33
第2節 素材との出合い、道具との出合いから「感じる」「ためす」 36
第3節 想像の世界（ごっこ遊び）やイメージを拡げた遊び 38

第5章 園庭における乳幼児の造形活動

第1節 自然との関わりから生まれる造形表現 41
第2節 砂場や遊具との関わりから生まれる造形活動 44
第3節 命との関わりから生まれる造形表現 46

第6章　保育室における造形活動と保育者の役割

　　第1節　保育室における乳幼児の造形活動　*49*
　　第2節　保育室の造形活動を支える環境、援助とは　*52*

第7章　子どもの表現活動を活性化する教材例とポイント

　　第1節　幼児の教材を考える基本　*57*
　　第2節　さまざまな教材と保育の実際　*58*

第8章　子どもの発達と造形表現

　　第1節　年齢ごとの造形活動を豊かに　*65*
　　第2節　子どもたちの描画活動　*66*
　　第3節　子どもたちの立体的なものづくり活動　*70*

第9章　子どもの作品の見方と評価

　　第1節　造形活動の評価への心構え　*73*
　　第2節　潜在する大人の価値観への留意
　　　　　――「青年期の危機」を手掛かりに　*74*
　　第3節　作品の観察法　*76*
　　第4節　観察法の運用のための観点　*77*

第10章　年間行事における表現活動

　　第1節　年中行事と年間行事　*81*
　　第2節　行事における子どもの表現活動　*86*

第11章　児童文化と造形表現

　　第1節　児童文化と児童文化財　*89*
　　第2節　教材としての児童文化財　*90*
　　第3節　絵本と表現活動　*94*

第12章　造形活動と指導計画

　　第1節　指導計画の基本的な考え方　*97*
　　第2節　造形表現における指導計画の作成の基本と方法　*99*

第13章　障害を持った子どもの表現と保育者の援助

第1節　造形活動とその援助　*105*
第2節　園生活における保育者の援助　*110*

第14章　作品展を進めるために

第1節　作品展の種類と目的　*113*
第2節　作品展の準備と方法　*115*
第3節　作品展の実際　*118*

第15章　幼児期における造形活動と小学校教科との関連性

第1節　「造形」と小学校教科の関係や系統性　*121*

付録（関連資料）　*129*

監修者・編著者紹介　*142*
執筆者紹介（五十音順）　*143*

第1章 保育内容「表現」の意義

第1節 表現は何のためにするのだろう？

1 表現活動の原点

　何かうれしいことや面白いこと、いい考えを思いついたとき、素敵なものを見たとき、私たちは家族や友人に話をしたり、メモをしたり、写真に撮ったりする経験は誰しもが持っているだろう。これらの表現したい気持ちは、乳幼児も同じである。乳児の場合は、お腹が減り、眠たくなったら泣き、お腹がいっぱいになって満たされれば眠る。また、幼児の場合は、散歩の途中できれいな石ころを見つけた時、珍しい生き物を見つけた時など、いてもたってもいられず、歓声をあげながら友達や先生、親に告げようとすることはよく見られる。
　乳児の場合、お腹が減って感情が無意識的に出るものを「表出」といって「表現」と区別する場合もあるが、これらの情動的表現は全て人間が生きるための切実な表現活動ということができる。乳幼児は、こうした経験を積み重ねていきながら、次第に自分の意思で自分の思いを表していくことを学ぶ。これらの行為こそが人間にとっての表現活動の原点といえる。

2 表現は人間が生きていく上で欠くことのできない行為

　岡田陽氏は、表現することの意義に関して、次のように述べている。

「人は、言葉や動作などの表現活動によってお互いの心を伝えあう。人は自分の心に浮かぶさまざまな思いや考えを、ひとり自分の心にとどめておかないで、何とかそれを他者にも伝え、理解され、心を分かちあいたいと願うものである。人間の社会生活とは、そうした思いを基礎として構築されているといってよい」[岡田、1994、P.9]。

　岡田氏は、自己表現の経験と実践は、心の柔軟な子ども時代に習慣化し、恐れをなくしてしまわないと、成人してからでは難しくなるといい、幼児期の表現活動の重要性を指摘する。表現活動は、それ故、人間が生きていくために欠くことのできない基本的な行為の1つであり、幼児期においてとりわけ重要であるということができる。

第2節　子どもの表現力を育てる

　ところで、子どもの表現活動はどのように育つのであろうか。この点に関し、前出、岡田氏は、子どもの表現力を損なってしまう原因についてまとめているので要約してみたい [岡田、1994、PP.24-26]。
　まず、大人の指導力が強すぎ、子どもが独自の表現力を発揮できない場合。こんなとき、子どもは、萎縮し、大人に対する依頼心が強くなってしまう。2つ目には、子どもの表現に対し、批判的な雰囲気が強くなることで子どもの精神面が抑圧されてしまい、子どもが自由に表現できない場合。3つ目には、子どもの発達に見合った表現技術が保障されていない場合。そして、最後には、子どもがイメージを働かせ、それを表す楽しさに対する経験が不足している場合であり、子どもは表現に対する意欲を損なってしまう。
　子どもの表現力を育てるためには、何よりも大人が精神的にも、技術的にも余裕を持って子どもの表現力を支え、引き出そうとする意識を持つことが大切である。暖かく、安心できる雰囲気の中で子ども自身が達

成感を味わうことで自信を持ち、意欲的に表現しようとする経験を積み重ねることが重要なのである。

第3節　表現活動の中における造形表現

1　表現活動の広がり

　表現活動には、言語表現、身体表現、音楽表現、造形表現などさまざまなものが考えられる。そのいずれも重要な領域ということができる。大人の場合がそうであるように、最終的には、自分にとっての得意な表現方法が意識化され、絵なら絵、文章なら文章など自分にとって抵抗の少ない方法を組み合わせて表現をしていくことになる。しかし、幼児期においては、まだ自分にとっての得意な表現領域は確立されていないため、さまざまな表現方法を経験し、その特徴を理解することが必要となる。子どもが興味・関心をもって、さまざまな表現を楽しめる環境を整えるとともに、表現しようとする意欲を受け止めたり、他の子どもの表現に触れたりする機会を保育者がつくることによって、子どもの表現活動が広がっていくのである。

2　幼児期における造形表現の重要性

　造形活動による表現行為は、幼児期にとってとりわけ重要な領域といえる。それには大きく2つの理由が考えられる。

　1つ目は、言語の発達が十分とはいえない幼児期においては、造形表現、例えば絵で自分の思いを語ることは、言語表現を補う重要なコミュニケーションツールといえる点である。**写真1**は、2歳半になる「ママが服をきせてくれてん」という象徴期の作品である［東山、2016］。真ん中にいる私とその周りに何重にも着せてくれた服の表現に、この時期の

言語で表現しきれない作者の豊かな思いを感じることができるのではないだろうか。

写真2は、3歳になる幼児の「ママにだっこされている私」である［東山、2016］。この作品からは、まん中に小さく描かれた自分の周囲を画面いっぱい囲むように母親が描かれており、優しく包みこむような母親の愛情や存在感の大きさを読みとることができるのではないだろうか。

2つ目には、造形表現に代表されるものづくりの活動は、人間にとって欠くことのできない根源的な活動であるという点である。

写真1　ママが服をきせてくれてん（2歳半）

（筆者提供）

写真2　ママにだっこされている私（3歳）

（筆者提供）

人間をどのように定義するかについては諸説があるが、有名なものは、18世紀前半、スウェーデンの生物学者リンネ（Carl von Linné　1707〜1778）によって定義された用語であろう。リンネは、人間の存在を「ホモ・サピエンス」、つまり「知恵ある人（叡智人）」と位置づけることによって人間の独自性を定義した。それ以外には、20世紀前半にオランダの歴史家であるホイジンガ（Johan Huizinga 1872〜1945）が人間を「ホモ・ルーデンス（遊ぶ人、遊戯人）」と定義したこともよく知られており、子どもの遊びの意義を考える際にもヒントになる。

また、フランスの哲学者であるH.ベルグソン（H.Louis Bergson 1859〜1941）は、20世紀初頭、人間の本質は、ものを創り、自らを形成する創作活動にあるとし、「工作人」という意味の「ホモ・ファーベル」と規定した。ベルグソンは次のように述べる。

「人類を規定するのに、歴史時代及び先史時代を通じて人間と知性の不変の特徴とみなされるものにのみ厳密に限るならば、おそらくわれわれは、『ホモ・サピエンス（知性人）』と言わないで、ホモ・ファベル（工

作人）ということであろう。要するに知性とは、その根原的な歩みと思われる点から考察するならば、人為的なものをつくる能力、とくに道具をつくるための道具をつくる能力であり、またかかる製作を無限に変化させる能力である。」［ベルクソン、1966］。幼児の日常的な遊びを観察していると、その多くが造形を伴ったものづくりの遊びであることが多い。例えば、保育室では、空き箱や画用紙、色紙などを折ったり、切ったりしながら成形を加え工作し、ものを作り、いろいろなものに見立てる。それは、悪者を倒す剣であったり、海を渡る乗り物であったり、ままごと遊びに使う包丁やフライパンであったりさまざまである。子どもたちの日常は、ものづくりが密接な関係にあることが分かる。このような子どもたちの姿を見ていると、ベルグソンが規定した、ホモ・ファーベルの考え方はまさに子どもの日常においても当てはまるのではないかと思われる。

第4節　幼児期における造形表現

1　幼児期の造形表現と学童期における造形表現の違い

　次章において詳細に述べられているように、幼稚園教育要領において表現は、5領域の内容の1つに位置づけられている。その具体的な内容については次章を参照いただくことにして、ここでは、学童期における表現活動と対比することによって、幼児教育における表現活動の意義について考えてみたい。

　フランスの新教育運動の教育家フレネ（Freinet,Célestin 1896〜1966）は、「はじめに絵や作文があるのではない。子どもの豊かな成長のプロセスにそれらを組み込んでいかなくてはならない」という。この点は、子どもの成長に向かう活動の内容について考える際に大切な点を指摘している。

　日本では、幼児期において保育所や幼稚園などでの就学前教育の後、

小学校に進学することになる。小学校では、周知のように教科学習、教科外学習を通じて6年間就学することになる。もちろん表現領域は、図画工作科や音楽科、国語科、体育科などさまざまな教科を通じて学習していくわけであるが、教科には教科の目的があり、その目的から外れたものは、他の教科の課題として取り扱われてしまう。

例えば、図画工作科では、表現や鑑賞の活動を通じて色や形に関わる造形的な見方・考え方を働かせ、生活や社会の中で色や形と豊かに関わることが中心となる。しかし、子どもの造形を中心とした表現活動は、色や形を超えるさまざまな要素が含まれている。

土や砂を使ったケーキづくり（作品1、2）を例に説明すると、子どもたちは、きれいにケーキの土台を型抜きするために、粘りのある土を探したり、土に入れる水の量を微妙に調整したりする。型が抜けると、今度は、ケーキの飾りをどのようにするかを考えるだろう。よく見られるのは、園庭に生えている雑草などを飾りに使う例である。赤や青色の花、形の面白い葉っぱを飾ったり、小枝をロウソクに見立てたり、どんぐりなども子どもたちがワクワクする格好の飾りになる。

このようなケーキづくりの活動を小学校の教科で捉えると、色や形に関わるケーキのデザインは、もちろん図画工作科である。スポンジに見たてた型抜きにちょうどいい水分量の土や、トッピングした植物は、理科に関連する。ピザをどのように切ればいいかという点は、算数の領域になる。また、出来上がったケーキをもとにケーキ屋さんをする場合は、

作品1　枝をロウソクに見立てた土のケーキ

（筆者提供）

作品2　花を飾った土のケーキ

（筆者提供）

人間関係の要素が入り込む。しかし、図画工作科でこのような題材に取り組む場合、教科の目標に合わせて、子どもが色や形に関わる資質・能力がどのように育ったかということに評価の関心が向けられ、それ以外の要素は良い資質・能力が表れたとしても評価の対象にならないのである。

2 幼児の造形表現を丸ごととらえることの大切さ

言うまでもないことであるが、上述した多様な子どもの姿を総合的に受け止め、丸ごとの成長を考えることができるのは、幼児教育をおいて他にはないということができる。この節では、幼児教育における造形表現の特質について述べてきたが、子どもの表現活動を部分だけではなく、総合的にとらえることの大切さは保育実践を行う上で重要な観点になるということができる。

第5節 造形表現と感性

1 造形表現活動の中で育つもの

本章では、幼児期における造形表現活動の意義や意味について述べてきたが、これらの表現活動を通じて子どもに何が育つのだろうか。言い換えれば、保育において表現活動は何のために行うのであろうか。絵や作品作りを通じて子どもたちをアーティストにするのではないことは容易に理解されるだろう。そうではないとするなら、幼児期における表現活動は何を育てるために行うのであろうか。端的に言えば、それは子どもたちの「感性」を育てるところにあると言うことができる。

例えば、幼稚園教育要領では、「表現」を「感性と表現に関する領域」として幼児期における感性の育成の重要性について述べられている。その中では、感じたことや考えたことを自分なりに表現することを通し

て、豊かな感性や表現する力を養い、創造性を豊かにすることが目指されている。そして、豊かな感性は、自然などの身近な環境と十分に関わる中で美しいもの、優れたもの、心を動かす出来事などに出合い、そこから得た感動を他の幼児や教師と共有し、さまざまに表現することなどを通して養われるようにすることが必要とされる［文部科学省、2017］。要領の詳細については、次章で述べられているので、併せて参照いただきたい。

2　表現活動と感性の育成

　幼児期の表現活動は、幼児の日常生活や育ちにおいてとりわけ重要な表現領域であり、総合的な要素を持っていることがわかる。そして、その活動を通じて感性が豊かにされることが理解される。私たちは、保育実践を通じ、子どもに寄り添い、子どもの表現を支えることを通じて子どもの感性を豊かにすることが必要とされているのである。

【引用・参考文献】

岡田 陽『子どもの表現活動』玉川大学出版部、1994年、p.9、PP.24-26
東山明編『子どもの絵の発達の道筋（CD-ROM版）』日本文教出版、2016年
ベルグソン、松浪信三郎・高橋允昭訳『ベルグソン全集（4）創造的進化』
　　白水社、1966年、P.163
文部科学省「幼稚園教育要領〔平成29年〕」(2017)、P.18
C.Freinet：La méthode naturelle,I.

（竹井 史）

第2章 領域「表現」の概要と造形

第1節 全体の概要

　平成30年（2018年）4月から新しい幼稚園教育要領（以下「新教育要領」と記す）が施行される。今回の改訂の大きな特徴は、幼児教育から高等学校の教育までの間で、共有しながら育みたい資質や能力を示したところにある。その資質や能力とは、以下の3点である。
　ア「知識・技能の基礎」
　イ「思考力・判断力・表現力等の基礎」
　ウ「学びに向かう力・人間性等」
　幼児教育においては以上の3点を、遊びを通しての総合的な指導を行うことによって一体的に育んでいくこと、さらには子どもたちの学びのプロセスを意識した指導が求められている。また、小学校以降の学びにつなげていく必要から「子どもの発達・学びの連続性」ということが大切な観点となっている。

1 本章のねらい

　本章では、大きく2つの点に触れていく。1つは、領域「表現」の概要を押さえること。もう一つは「造形」についてである。前者は、今回、どのようなことを軸に改訂が行われてきたのか、領域「表現」のアウトラインを理解してほしい。後者は、「造形」ということについて少し自由に読者の皆さんといっしょに考えていきたいと思う。

2　表現にはストーリーがある

　本文に入る前に、そもそも、皆さんは「表現」ということをどのように捉えているだろうか。「表現」にはさまざまな方法があることは知っていると思うし、自分でも生活の中でさまざまな表現方法を用いていると思う。この後に詳しく触れるが、「表現」の方法を大きく括ると、本章で中心的に触れようとしている造形による表現のほか、絵画による表現、音による表現、言葉による表現、身体の動きによる表現などを思い浮かべることができるだろう。人は、こうしたさまざまな表現方法を使いながら他者とコミュニケーションを取り、生活を豊かにしていく。ところが、生活の中における表現方法の中心は、主に言語による表現や身体の動きによる表現が中心で、造形や絵画における表現方法は、職業的作家でないと、その使用頻度は低いと言わざるを得ない。むしろ現代においてこそ造形や絵画という方法での表現が、私たちの生活に潤いをもたらし、感性によるコミュニケーションに貢献していることを自覚したいものである。

　私たちにとって表現するという行為は、自然や身の周りの事象や自国の文化、異文化などに接した体験やそのときの感性により、さまざまな思考を巡らすなかで生まれるものである。

　では、教育や保育という実践の現場において、本書の中心的課題である造形表現や絵画表現に関する指導を行おうとするときに大切なことは、どんなことだろうか。保育者は、目前のこと（これも大事なことであるが）にとらわれやすく、指導方法のこと、どんな環境構成で、どんなものを準備するのかといったことだろうか。

　筆者が考える最も大切なことは、絵画や造形などの作品を先ず鑑賞し、その作品の背景について知ろうとすること、つまり読者の皆さん自身が興味や関心を持つことではないかと考えている。例えば、かの有名な「モナリザ」。彼女はなぜ微笑んでいるのだろうか。あるいは、天才芸術

家と称され、自らも自己宣伝を怠らなかったというサルバドール・ダリ（Salvador Dalí 1904~1989）が「どういうわけか、レストランでロブスターを注文したときに、調理された電話が出てきたためしがない」と言い、その結果、誕生したオブジェが「ロブスター電話」という作品であるというようなエピソードに触れることは興味深い。また、ダリが精神心理学者フロイトの影響を受けていたことなどを知ると、他分野との関連性なども考慮することが大切であることが理解できる［スージー・ホッジ、2017］。

つまり絵画表現や造形表現において、その作品にはその作者のストーリーがあるということである。このことは、幼児教育や保育の実践において、子どもの表現にも、なんらかのストーリーがあるのではないかと考えてみることの必要性を示唆してくれる。

第2節　領域「表現」の概要

本節では、「新教育要領」の構造について理解をし、領域「表現」の位置づけを確認することをねらいとする。「新教育要領」の構造は、**図表2-1**に示したように、「幼児期の終わりまでに育ってほしい姿」と教育内容を示した各領域が軸となる。これを領域「表現」で見てみよう。

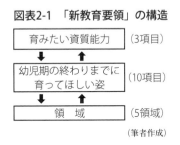

図表2-1　「新教育要領」の構造

（筆者作成）

1　何ができるようになるのか

第1節の冒頭で触れた、育みたい資質や能力を、幼稚園教育において具現化されたものが、新教育要領の総則第2の「幼児期の終わりまでに育ってほしい姿」であり、そこには10項目が明記され教師が指導を行う際に考慮するものとしている。この「幼児期の終わりまでに育ってほしい

姿」を明記したことも今回の教育要領改訂における大きな特徴と言える。

そのなかで「表現」に関しては、大きく2つのことが挙げられている。

1つは、言葉による「表現」である。豊かな言葉や表現を身に付け、言葉による伝え合いを大切に捉えている。

もう1つは、いわゆる絵画や造形に関する表現に関してである。「幼児期の終わりまでに育ってほしい姿」の10項目目には、「豊かな感性と表現」という項目がたてられ、短いながら子どもたちの学びのプロセスがうまくまとめられている。それらを要約してみると以下のようになる。

① さまざまな素材の特徴や表現の仕方などに気付くこと。
② 感じたことや考えたことを自分で表現したり、友達同士で表現する過程を楽しむ。
③ 表現する喜びを味わうことで意欲を持つようになる。

こうしたプロセスを生活の中で何度も体験として積み重ねることで、子どもたちが豊かな感性を獲得しながら表現する基礎力を培い、小学校へと進むことが期待されているのである。

2　どのように学ぶのか

次に、どのように学ぶかという点についてである。ここでのキーワードが「主体的・対話的で深い学び」ということである。これも幼児教育から高等学校の教育に至るまで貫かれている重要な考え方である。

幼児教育の段階で、とりわけ「表現」の領域で「主体的・対話的で深い学び」とはどんなことを意味しているのだろうか。

まず、「主体的」ということであるが、生活の中において「表現」する場合、さまざまな方法がある。周囲の環境に積極的に働きかけ、それぞれの場面に応じて、子ども自身が言葉、音、色、素材、身体を使った動きなど主体的に選択し、見通しを持って粘り強く取り組むことが実現されることを意味している。

次に「対話的」ということであるが、友達や先生、家族、地域の皆さ

んとの関わりを深める中で自分の思いや考えを表現すること。あるいは自分のイメージを絵画や造形という方法で表現したり、友達との関わりの中での知恵の貸し借りや協力してなにかを形づくっていくことや互いの作品を認め合うことなどが実現されることを意味している。

「深い学び」とは主体的、対話的であることが試行錯誤されながら実現されるとき、子ども自身の内面において「そういうことか」という納得感や「わかった」という感じ、「できた、うれしい」といった感じを得ることで自分のものの見方や考え方が再構築されることではないかと考えられる。また、試行錯誤する中での失敗も、取り返すことができるという体験へとつなげることができるなら、同様に「深い学び」となる。その意味で「表現」という行為には適切性が求められるが、幼児期にはその適切性を知るための試行錯誤の機会が保障されることが極めて大切であると考える。

3　なにを学ぶのか─領域「表現」の内容

「新教育要領」の第2章は、5つの領域に分けられ記述されている。これらは、先に述べた幼児教育において育みたい資質・能力へとつなげていくために示されたものである。

領域「表現」におけるポイントは、2点ある。1つは感じたことや考えたことを自分なりに表現することであり、もう1つは、豊かな感性や表現する力を養い、創造性を豊かにするという点である。なぜ、子どもたちは豊かな感性や表現する力を養い、創造性を豊かにすることが求められているのだろうか。

人は他者との関係性の中で生きていく。そこでは、他者を思いやる豊かな感性が求められるし、自分の考えや思いを言葉で表現することを中心に、絵で伝えたり、モノを形づくることで伝えていく。こうした積み重ねが自らの豊かな人生を切り開き、社会の一員としての役割を果たしていくことへとつながっていくと考えられているのだが、それは表現者

として生きていくことにほかならない。

　このことは、私たちが心に留めておかなければならいことである。つまり各領域は目的を実現していくためのツールである、ということである。領域「表現」で言うなら、作品を造ることや絵を描くことが目的ではなく、作品を作るという行為を通して成長や発達していくうえでの大切なものやコトを体験しているということである。

　基本的なことだが、なんの前提もなく自由に描きなさい、つくりましょうと言っても、子どもたちは未熟であり、自由な発想がそう容易にできるわけではない。教師は、子どもが出合う環境（さまざまな素材や場面）で、目をキラキラと輝かせる瞬間を想像しながら、素材や内容を準備し、子どもが興味や関心を示す「仕掛け」を考えていくことが大切である。

第3節　造形とは

　領域「表現」のなかで、造形に関する記述が少ないという印象は拭えない。けれども、幼児教育の実践の場では造形活動は盛んである。その活動例は、本書の他章を参考にしてほしいと思うが、ここでは、「総合的に」指導するという点に着目し、実践例を紹介しながら、教師の視点から「造形」ということについて考えてみたい。

1 「総合的に」という点に着目した指導実践

　ここに掲載した写真は、ウィーン国立音楽大学のブーハー教授（Johann Bucher 1596～）が実践してくれたものである。4歳児の子どもたちがコンサートに出演するために準備をしている場面である。子どもたちは簡単な合奏唱を行った。曲は「世界中の子どもたちが」である。間奏で子どもたちは眠りにつく。そして柔らかい紙をソフトにくしゃく

しゃにして準備をする。ブーハー教授の合図で手の中にあるくしゃくしゃな紙が静かに自然と開かれていく。子どもたち一人ひとりの、一つ一つの花ができていく。そしてその一つ一つの花を舞台中央に置くと大きな花が表現されていた。

写真1　花のイメージ
（筆者提供）

　1枚の紙をくしゃくしゃにしてそれを開くという極めてシンプルな造形であるが、シンボリックな意味が力強く伝わる光景であった。シンプルな造形、音、声が総合的に1つの舞台を創りあげ、これも見事な造形であると感じる。

2　素材を選択する実践例

写真2　馬を粘土でつくる
（筆者提供）

　本項で紹介するのは、ウィーンにある高校で美術を教えているアイヒンガー先生が5歳児の子どもたちに指導した場面である。皆さんもよくご存じの「ブレーメンの音楽隊」のお話を子どもたちに聞かせ、印象に残った場面を、絵で描いてもいいし、油粘土を使って作ってもいいよという実践であった。自分のイメージを、素材を選択して表現するというこの実践は興味深いものである。なぜか？　この先の発展性が感じられるからである。例えば、絵に描いた動物を切り取り、ペープサートのようにして「ブレーメンの音楽隊」という作品を友達と一緒に表現することができる。そこに、油粘土で作った立体的な作品も登場させれば、より面白くなるであろう。油粘土を作り直す子どもも出てくるかもしれない。こうしたプロセスのなかで修正できる活動は、まさに創造的な活動になり得る。

写真2　鳥を描く
（筆者提供）

3 人にとって「造形」とは

　造形は、子ども自身がイメージしたことを表現しやすく、工夫したり作り直すという試行錯誤を可能にする。できあがった作品を互いに鑑賞することで「すごいね」「こんなふうになっているんだ」という刺激を与え合うことができる。これは、反面、自身の表現を振り返り、こうしたほうがよかったかなあ、こうしてみようという内省を生み出すことができる。まさに批判的思考力が育まれる。この繰り返しを可能にするのが、造形表現ではないかと思う。子どもにとっての造形は、目に見える形を残すことができる「遊び」であり「学び」である。

　また、造形という行為には、作者の意思が行き渡っていて、ストーリー性を感じることができ、鑑賞する側の想像力をかき立てるものである。子どもの造形作品というのは、ストーリーを支える「筋」のようなもので、多くの可能性を秘めている。対話のきっかけになり、子ども自身がどのような見方、考え方をしているのかを理解することができる。造ったものは、子どもなりの表現であるし、その作品の背景を語ることも表現である。それぞれの表現を大切に受け止めてあげたいものである。

　こうしてみると、幼い時に豊かな体験と表現力が育まれてこそ、子ども自身も自分自身の人生を「造形」していくことが可能になり、豊かな人間性を得て、充実した人生を歩めるのだろうと考える。

【引用・参考文献】

　スージー・ホッジ、田中正之日本語版監修『5歳の子どもにできそうでできないアート』東京美術、2017年、PP.12

（山村達夫）

第3章　造形表現と感性

第1節　感性とは

1　感性のとらえ方

　これまで述べられてきたように、幼児の造形表現は日常生活において欠くことのできないものである。子どもたちは表現することによって自らの思いや願いや考えを人に伝え、伝えることによって自らの思いや考えを深める。1章において述べたように、これらの表現活動は、子どもの感性を豊かにするためにあるといえる。

　一般的に感性とは、ものごとを感じる力だと言われることが多いが、一体どのようなものであるのだろうか。以下では、感性のもつ働きについて考えてみたい。

(1) 感性とは感覚によって内的・外的な世界をとらえる能力

　人は感覚（視覚、触覚、聴覚、臭覚、味覚）を通じて身の回りの世界を感じとっている。しかしそのとらえる対象は、単に目の前にある世界だけではなく、自分の内面の世界もその対象になる。それ故、感性とは、人間が感覚によって内的・外的な世界をとらえる能力であるということができる。

　以下に、小学校2年生が描いた表現様式の異なる2枚のニワトリの絵がある。**写真1**は、視覚的な写実性を伴って緻密に、とても生き生きと描かれている。この作品は、小学校1年生から2年間、ヒヨコから育て

て生活を共にしたニワトリとの最後の別れのときに描かれた1枚の絵である。何としてもニワトリを残したいという子どもの思いが、観察画として具体化されたということができる。

写真2は、社会科の授業でニワトリを見学した後、描いたものである。実際には、白いニワトリなのだが、羽や尾を色鉛筆でぬっている。その理由とは、ニワトリに足輪がされていてとてもかわいそうな感じがしたため、ニワトリを励ます思いで色鉛筆を使ってきれいな色にぬったのである。

最初の作品は、子どもが「外的な世界」をとらえて描いたのに対し、2枚目の作品は、主として子どもの「内的な世界」が表現されたものであるということができる。

写真1 2年間生活を共にしたニワトリ

（筆者提供）

写真2 足輪をつけたニワトリ

（筆者提供）

2つの作品の表現について、外的表現と内的表現という用語で対比的に述べたが、絵を描くという行為そのものに着目すると、現実（外的）の世界と心の中（内的）の世界の2つの世界は互いに呼応し、関連付けられながら描かれたということができる。つまり、現実の世界のニワトリとの関わりがきっかけとなって、ニワトリに対する子どもたちのさまざまな感情や思いが生じ、その感情によってニワトリが写実的に描かれたり、想像的に描かれたりするということができる。

話を少し発展させると、子どもの絵が写実的に描かれたり、空想的に

描かれたりするのは、子どもがどのような経験をし、どのような思いや願いを持ったかによって決められる（表現様式が決定される）ということである。保育者は、子どもの表現しようとする思いや願いを受け止めることによって適切な支援（援助）をする必要がある。

(2) 感性とは自分で世界のイメージを創り上げ共感する能力

先に感性とは、感覚によって内的・外的世界をとらえる能力であると述べた。しかし、それは、身の回りの全てを感じとるという受け身の能力を指すのではなく、自分から世界のイメージをつくり上げる積極的な能力であるということを押さえておく必要があるだろう。

例えば、雑草の中で自分の気に入った小さな花を見つける、散歩で自分がかわいいと思うチョウチョを見つける、ということも感性の働きである。子どもたちはこのように自ら身の回りにあるたくさんの情報から自らにとって大切で必要な情報を選択して取り込み、自らの世界のイメージを創り上げるということができる。

このように言うと感性は、わがままで、独りよがりのように受け止められるかもしれない。しかし、豊かな感性とは、他の人やモノに共感することによって、自分以外の存在に対し自らの世界を開くことができる。つまり、感性は能動的に自らの世界のイメージを作り上げると同時に、自分を開き、他の人々を受け入れる働きをしている。豊かな感性は、他の人たちと共感を可能にする働きができるのである。

2　感性と知性との関係

感性と対になる用語は、知性である。では、感性と知性との関係はどのように考えることができるのだろうか。

ここで、一人の人間を1本の木に例えて考えてみたい（**図表3-1**）。木は、自分の成長につながるよう根や葉から必要な養分を吸収し（感性の育ち）、そのプロセスにおいて木の実がなる（知性の育ち）。つまり、人間もさまざまな経験をしながら感性を豊かにし、それにより知性が発達

するのである。感性と知性は、それぞれ独立した能力ではなく、表裏一体の関係にあると言える。しっかりと感性の根が張られてこそ、力強い知性が得られるのである。

幼児教育では、感性を育てることが大切な目標として考えられているが、それは感性を大切にすることが知性を育てるための前提条件であるからに他ならないからなのである。

図表3-1 感性と表現の関係性

（筆者提供）

3 日常生活の中で感性と知性はどのように育つか

日常生活の中での感性と知性の育ちについて、保育実践をもとに考えてみたい。園外に春を探しに散歩に出かける場合、子どもたちは、思い思いの春と出合うだろう。ある子どもは土手に咲いている小さな花を見つけ、ある子どもは飛んでいるきれいなチョウチョに目がいく。どんなものに目がいくか、子どもによってそれぞれ異なることは容易に想像できる。先に述べたように、この選択の違いこそが個々の子どもの感性によるものであるということができる。

園に戻ってきてどんな春を見つけたか振り返るとき、そこで見つけた花やチョウチョのことを大人に聞いたり、図鑑で調べたりすることで、花はタンポポであり、チョウチョはモンシロチョウであることを知る。この知識との出合いが感性と知性とが結びつく瞬間であるということができる。

その経験は、別の日の散歩に生かされ、新たな花やチョウチョについての興味や関心へと発展する。時には、チョウチョを捕まえ、飼育しようとすることもあるだろう。飼育するためには、チョウチョがどんなものを食べるのかを調べる必要がある。ここには新たな知識との出合いがある。

別の子どもが、自身の感性を働かせて別のチョウチョを採ってきたとする。その場合、種類の異なるチョウチョを飼育することになるが、子どもたちは、同じチョウチョの仲間なので、食べるものは同じではないかと考える。この概念的な考え方は、新幼稚園教育要領に求められる資質・能力の1つである「知識」の一例となるものである。
　以上の例によって推察されるように、子どもたちの日常生活は、このように感性と知性の往還によって深められていくということができるのである。

第2節　感性を育てる保育の環境

1　感性を育てる保育者の役割とは

　これまで述べてきたように、感性の働きと表現活動は密接な関係がある。言い換えれば、表現活動は、感性の働きの実践そのものであるということができる。表現活動が盛んに行われることは、感性の育成のための大切な経験になる。それ故、感性を豊かにするには、表現活動が自発的に行われる環境づくりや働きかけを行うということが必要になる。
　ここでは造形活動を通じて感性を育てようとするときに必要な環境や働きかけについて考えてみたい。それには、表現につながる経験、表現の素材の保障、表現の尊重の3つの観点が考えられる。
　(1) 表現活動につながる豊かな経験を保障する
　まず、何よりも大切なことは、表現活動につながるような豊かな経験を子どもが積み重ねられるようにすることである。例えば、生き物を飼育する経験、草花をめぐる経験、土遊び、水遊びや友人とのいろいろな遊び、地域の行事の経験、絵本体験などさまざまなものがあげられるだろう。

しかし、個々の子どもたちによってさまざまな興味や関心があるため、ある経験だけをすればよいという固定されたものはない。そのため、保育者は、それぞれの体験で得た経験が、表現への核になっていくということを踏まえつつ、子どもたちにできる限り豊かな経験を保障することが大切である。子どもたちが日常生活を送る保育室、園庭なども、表現に向かう経験を蓄積する上でとても大切な環境であることに留意し、保育を計画していくことが必要であると言えよう。

(2) **表現の素材が豊富にある環境を整える**

2つ目に、表現のための素材が豊富にある環境を整えることである。ここで言う素材とは、主に描画材や材料を指しているが、ありとあらゆるものが子どもにとって表現のための素材になることも踏まえておく必要がある。個々の子どもの感性の働きによって、表現の世界が異なり、それらの表現を支えるためにさまざまな描画材や材料が必要になるだろう。

例えば、クワガタを描きたい子どもや、ザリガニを描きたい子どもがいるとする。**写真3**からは、クワガタの足や角、触覚などのメカニックな表現を形で描きたいとの子どもの思いが推察される。また、**写真4**のザリガニを描いた子どもは、ザリガニの甲羅の質を色で表現したいと考えられる。

写真3　クワガタ（5歳児）の作品

（筆者提供）

写真4　ザリガニ（5歳児）の作品

（筆者提供）

しかし、クワガタの足や角を描こうと思っている子どもに絵の具やパスを、ザリガニの甲羅の表現をしようと思っている子どもにサインペンやパスを与えた場合は、どのようなことが予想されるであろうか。クワガタを描きたかった子どもは、緻密な表現ができない。また、ザリガニの甲羅の質感を描きたかった子どもは、面の微妙な色彩の表現ができないことになる。つまり、どのような描画材を使用するかによって自分の思いを表現できなくなってしまうことが考えられるだろう。

そのような事態を避けるには、目の前にいる子どもを緻密に観察し、どのようなものをどんな風に描きたいかを知り、その表現を支えるための描画材や材料の環境を整えなくてはならないだろう。

(3) 子どもの表現を尊重する

子どもの表現や出来上がった作品を大人が価値あるものとして尊重し関わるということは、子どもの感性を育てる上でとても大切なことである。例えば、子どもが描いたものに対し、その話を聞いたり、出来上がったものに台紙をつけて園に飾ったりするなどの配慮が必要である。表現したものを受け止められた幼児は、表現することへの意義や受け入れられたことへの達成感を感じ、表現しようとする意欲が育つことで、新たな表現活動へとつながるのである。

2 表現活動で育てるのは感性

感性と個性は、しばしば混同されることがあり、留意する必要があるだろう。個性を大切にとは、保育の世界でよく言われるスローガンとも言える。では、個性とは、どのように考えることができるのだろうか。例えば、個性といえば、Aちゃんの伸長は100cm、Bちゃんは120cmなどである。つまり、個性は、その子が持っている固有の特性であるということである。それ故、「感性」を育てるということは、保育の目標にすることができるが、「個性」は保育の目標にならないということである。

「個性」を教育の目的に追い求めた場合、結局のところ、他人との違

いや優劣などを子ども強いることになり、かえって子どもの表現をゆがめてしまうことになりかねない。保育者は、このことに十分留意しなくてはならないだろう。

【引用・参考文献】
　西村拓生・竹井史『子どもの表現活動と保育者の役割』(プロ保育者へのステップ4) 明治図書、1998年
　E.カッシーラ、宮城音弥 訳『人間―この象徴を操るもの』岩波現代叢書、1953年

(竹井 史)

第4章 日常の遊びから生まれる造形活動

第1節 子どもの遊びと造形活動

1 子どもたちの生活の中で造形活動を考えること

　乳幼児にとって日常的に行われる「遊び」とは生活そのものといわれるように、子どもは生活する中で基本的な生活習慣も含め「遊び」を通してさまざまな経験をしている。例えば、タオルや服をたたんで、きれいに揃える。着ていく服を柄や形などを見て選ぶ。食べ物を皿に盛りつける。こぼした飲み物を指でいじる。どれから食べるか選んで箸やスプーンを使って集めながら食べる。雑巾を両手で絞る。また雨の日は傘を差したり、レインコートを着たりして、雨が傘やレインコートに当たる音を楽しんだり、水たまりの上を歩いてみたり、手で触ってみたりして楽しむ場面はよくあることである。泥水で遊んでいるとき「コーヒーみたい！」「ドロドロしてる！」と言いながら、容器に泥水をひたすら注ぎながら色や感触が変化していくのを楽しむ。泥水を入れた容器を台の上に集めて数えたり、落ちないように揃えたり、並べたりして、たくさん乗せることができたことに喜ぶ（**写真**1）。汚れて洗った手を乾いた壁に押し付け、手形を見つけて楽し

写真1　泥水を注ぐ

（谷戸幼稚園提供）

む。また葉っぱの形や色の面白さに気づき、そこに何かペンやクレヨンなどでイメージを描き、子ども同士が話し合いながら、葉っぱの大きさの違いやセロハンテープに貼りつけられる量を考えながらひもにデザインする(**写真2**)。

写真2　つくったものを飾る

（谷戸幼稚園提供）

　これらの遊びの姿に見られるように、子どもが自発的にする活動としての遊びは、心身の調和のとれた発達の基礎を培う上で、指先だけでなく、全身の運動を伴うバランス感覚や触覚、色彩感覚を磨き、周りの人とコミュニケーションを取ったり、想像力を身につけたりといった科学的な認識や社会的認識、数的な認識、人と人との関係、自然の関係など、総合的で重要な学習と捉えられるものである。

　日常の中で造形活動を考えるとき、手や指先を使って箸やスプーンを握る、服をたたむ、ひもを結ぶといった生活習慣を含めて多くの事柄が造形活動と関連している。子どもはあらゆるものを自分の身体や感覚を駆使して探索し、心地良さや驚きを感じ、さまざまなことに気づき、発見している。この「もの」との関わりからイメージが拡がり、想像の世界を楽しんだり、自分の思いや願いから描いたり、つくったりして表現する。それは自分ひとりだけではなく、友だちと一緒だから発見できたり、喜びあったりする中でも体験する。こうした身近にある環境に敏感に反応しながら心が動かされ、発見したり、試したりしていく行為の中に造形活動があるといってもよい。

　つまり保育における造形活動とは、乳幼児が乳幼児らしい生活の中で子どもの興味・関心から計画・実践することが求められている。それは、小・中学校以降の図画工作科・美術科のように、カリキュラムとして学習が時間で区切られ、「題材」という学習のまとまりをあらかじめ教師が計画し、それを実践していくスタイルとは異なっている。

また周りの大人から見て、見栄えのする（大人から見て完成度の高いと思われる）作品づくりや、毎年の恒例行事として「母の日」「こいのぼり」の絵に代表されるような、いわゆる「お土産」として保護者に持ち帰ることが目的となってしまっている活動もあるが、これらは過度な作品主義であり園の行事のための造形活動になってしまっている。いずれも日常の生活の中での造形活動を考える上で、もう一度見直さなければならない保育内容である。

　この章では、保育者として、子どもの遊びと発達の姿、個々の育ちと造形、幼児の造形表現の特性などについてよく理解し、これからの学びに生かしてほしい。

2　「名もない遊び」の中に見られる幼児の造形表現

　では、どのような視点で子どもたちの日常の遊びの中で造形活動を見ていったらよいのか。それを見ていく視点として「名もない遊び」がある［塩川、2006］。乳幼児が保育所・認定こども園・幼稚園における生活の中で行う遊びには「折り紙遊び」「色水遊び」「粘土遊び」等、いわゆる名前のついている遊びだけではなく、大人が考えて提供できない遊びとしてそれらと質的に異なり、明確に定義できない遊びがある。

写真3　何を感じているのか

（谷戸幼稚園提供）

　写真3にあるように、鍋などの蓋を両手に持ち、地面に押しつけるようにしている男の子は何を見つけ、何を感じているのだろうか。両手にかかる体重を感じながら真剣に取り組む様子が見られる。自分の両足の間から見える向こう側の景色が変化する様子を楽しんでいるのかもしれない。また**写真4**では、友だちと一緒に丸い溝に自分たちが集めてきた桜の花びらを入れて楽しむ姿である。花びらを型に入れていく面白さや穴を埋めていく面白さを感じているのだろうか。このように大人が見る

と何気ない行為で造形作品として形には残らず、言葉では表現しにくい営みが目の前の子どもたちから次々と発生している。そこではものが変化し、その子たちの頭の中のイメージや行為が展開される様子は、まさに造形活動そのものである。

写真4　友だちと一緒に楽しむ
（谷戸幼稚園提供）

このように、子どもの姿から考えてみると絵を描いたり、つくったりすることだけが造形活動ではなく、感じたり、考えたりしながらこうした活動に夢中になって意欲的に取り組み、十分楽しむことで満足感や充実感を味わっていることを造形活動として捉えることが根幹に必要である。この活動の積み重ねが豊かな感性やさまざまなイメージを持つことができる力を培い、心身ともに成長していくことになる。

第2節　素材との出合い、道具との出合いから「感じる」「ためす」

1　感覚器官で感じること

乳幼児期の造形活動は感覚器官を通して身近にあるものに触れて（自分の口でしゃぶったりなめたり、手でたたいてみたり、持ったり、握ったり、押したり…など）、そのものの性質（そのものの固さ・柔らかさ、温かさ・冷たさ、つるつる・ざらざら、どのような形をしているか…など）を「確かめていくこと」から始まる。子どもによってそれぞれその感じ方や行動への現れ方はさまざまである。**写真5**のように、水や砂は子どもにとって身近で馴染みやすい素材である。

写真5　友だちと水たまりで遊ぶ
（谷戸幼稚園提供）

水道の蛇口や空き容器から流れ落ちてくる水をまき散らしてみたり、泥水を頭からかぶってみたり、手や足、あるいは全身で触れたり、泥を塗りつけたりする行為は、自らの感覚器官を通して自分の身体を確認するかのように、繰り返し「感じる」体験として子どもたちに刻まれていく。そのような指先から全身でものや道具と関わり、一人でじっくりと静かに砂と向き合う子もいれば、つくった山などをダイナミックに踏みつけて壊したりする子もいる中で、そうしたさまざまな感じる遊びを保障することが子どもたちの感性を育むことにつながっていく。

2 試すこと：探索的な遊び

　子どもはその子自身の興味・関心から、ものに触れて「確かめる・試す」の繰り返しの中で、その素材の持つ性質の面白さや変化する楽しさを見つけながら、何度もその心地良さを味わう姿が見られる。

　「試す」は「ものを変化させる行為」であり、子どもたちの「こうしてみたい」という自らの思いによって、さらに新たな気づきや発見が生まれる。その気づきや発見が基になって再度確かめたり、試したりと繰り返す探索的な遊びは、ものが変化したり頭の中のイメージが広がったり、更新されていくという造形活動そのものである。造形活動はいつも自分の思い通りにいくことばかりではなく、しばしば失敗（うまく貼りつかない、うまく切れない、など）を伴うが、その場でどうしたらよいかを子どもが考え、次の行動をしていく絶好の機会でもある。セロハンテープの使い方やはさみの持ち方など、大人が考える正しい使い方を始めから教えることばかりに意識してしまうと、子どもの自分なりに道具を使って「試す」大切な機会を奪ってしまうことになる。安全面に配慮しつつ、まずは子どもの「切りたい」「切ってみたい」「貼りたい」「貼ってみたい」という意欲を大事にしていきたい。その自ら積極的に行う「ものや道具との関わり」や「探索の深まり」が「試すこと」へとつながっている。とくに０歳児から始まるこの「確かめる」「試す」行

為は、つまむ、握る、回す、引っ張るなど「手指の巧緻性」を高めることや、ものの大きさ・長さ、それぞれものの位置関係を認識できるようになる「空間認識能力」の発達といった、これから生活していく上で必要な能力の獲得と関係している。

第3節 想像の世界（ごっこ遊び）や イメージを拡げた遊び

1 集める・並べる・積む・組み合わせる：構成的な遊び

さまざまな生活の場で子どもが集めたり、並べたりした痕跡を見つけることができ、幼児期にとってそれは本能的な行為である。草花や石といった自然素材であったり、自分たちの靴や玩具の人形であったりと並べるものはさまざまである（**写真6**）。その他には絵

写真6 砂の上に並べて「コンロ」

（谷戸幼稚園提供）

の具をつけたさまざまなものの形に驚き、繰り返し画用紙やダンボール等にスタンプする形みつけ（型押し）の中にも並べる意識は働いている。こうした行為によってリズム感や大小を比べて順番に配置するなど、線的な構成する意識が生まれる。

またこの並べる行為は積む行為ともつながっていて、「積む」行為は立体的なものとなり、その形を維持するためにバランス感覚や空間への意識や感覚を刺激することになる。「積む」行為は積み上げることを楽しむだけでなく、積み上げたものを崩す面白さがあり、安心して壊すこと、またつくり直せることを理解し、その繰り返しは粘り強く活動に取り組むことにもつながっている。

2 想像・イメージを展開する遊び：見立て遊び

これまでの手先の発達と存分に素材や道具と関わる経験から、実際に素材と関わる中でつくりながらイメージが広がるとともに、次第に道具や材料の扱いにも慣れ、自分の描きたいものやつくりたいものを具体的に実現していきたいという子どもの思いや願いが出

写真7　ごっこ遊び

（谷戸幼稚園提供）

てくる。それは個々の育ちとしてだけでなく、友達関係の深まりから一緒に作ったり、つくったものを持ち寄ったりして想像の世界を楽しむ場面（共同製作）も見られる（**写真7**）。そのようなときに廃材として用いられる空き箱・容器は、子どもたちにとって「つくる」行為を刺激する立体的な素材である。箱は切り開いたり、くっつけたりすることで形が変化し、それらの形とイメージが結びついていく。その際にのりやセロハンテープの使い方は子ども自らが失敗しながら理解していく。保育者としてはそれらをどう使ったら確実にくっつくのかは、子ども自ら納得し工夫する中で体得していく部分を大切にし、見守ったり助言したりするようにしたい。

3 その子らしさが表現できる場を提供する保育者として

これまで見てきたように、絵を描いたり、ものをつくったりするだけにとどまらない萌芽的ともいえる乳幼児期の造形活動は、初めての集団や社会と出会う場の中で自らものや人とかかわりながら、大人になってからも柔軟な思考をすることや意欲や協調性、粘り強さといった非認知能力、自己肯定感などの行動の土台づくりを行う大切な時期である。

保育者は単に結果としての造形作品だけではなく、乳幼児期の個々の発達段階や育ちに着目することはもちろん、目の前のその子が発見し真

剣に取り組んでいる遊びを認めて、その過程を見守る姿勢を大事にしてほしい。その子なりに発見したこと、やり遂げられたことを保育者に投げかけられた「見て見て！」の声に耳を傾け、その発見できた喜びとうれしさに共感できるかが、保育者の大切な役割である（**写真8**）。とくに、言葉で自分の気持ちをうまく表現できない乳幼児にとっては、保育者は子どもの表情やしぐさから、その気持ちを読み取っていこうとすることが求められている。またどのような素材や道具を準備し、その出合わせ方や環境づくりをどのように行うかは、日々、教材研究として取り組む必要がある。

写真8　地面に描けたよ

（筆者提供）

・写真協力／裕学園谷戸幼稚園（西東京市）

【引用・参考文献】

磯部錦司編著『造形表現・図画工作』建帛社、2014年

内野務『造形素材にくわしい本』日本文教、2016年

塩川寿平『名のない遊び』フレーベル館、2006年、PP.12-13

「新幼児と保育」編集部『子どもとアート──生活から生まれる新しい造形活動』小学館、2013年

高山静子『学びを支える保育環境づくり』小学館、2017年

文部科学省「幼稚園教育要領」2017年、P.3

幼児造形教育研究会『みんないきいき絵の具で描こう！』サクラクレパス出版部、2014年

（宮野　周）

第5章 園庭における乳幼児の造形活動

第1節　自然との関わりから生まれる造形表現

　子どもにとっての園庭は、さまざまな自然や命と出合い、他者との人間関係を築き、遊びを創造していくための大切な環境である。都市化などの影響によって、空き地や公園などの遊び場が減少し、自然と触れ合う機会も限られてきた現代において、子どもたちが日々安心して遊ぶことができる園庭の存在や役割は大きい。また、園庭での遊びや造形活動を豊かに育んでいくためには、意図的な環境構成や保育者の関わり方も重要になってくる。保育者には、日々の生活の中に新しい価値を見出していこうとする豊かな感性が必要であり、子どもたちと共に遊びや表現を創造していく実践力も求められる。本章では、園庭における乳幼児の遊びや造形活動の事例などを紹介しながら、その姿を支えるために必要となる支援について考えていく。

1　自然素材との出合い

　園庭には、土や砂、石、水、木、草花、光、風など、さまざまな自然素材がある。子どもたちは日々の生活の中で、それらの素材を見たり触ったりしながら、自然との関わりを深めている。さまざまな自然素材の色や形、手触りなどを体全体で感じることは、子どもたちの豊かな感性を育んでいく上で必要な体験の1つである。

　自然の中で出合う木の実や落ち葉、石ころなども、子どもにとっては

宝物のような存在になる。気に入った色や形を探す子どもたちの姿は、美的な感覚や意識の現れとして捉えることができる。集めた自然素材を段ボールや空き箱などの他素材と組み合わせた遊びや造形活動へと展開させていくことも可能である。

　天候や時間、季節によって、園庭で出合う生き物や植物が異なることも子どもたちは遊びを通して理解していく。子どもたちの遊びや表現を支える自然素材の魅力や特性、加工方法などについて、保育者は理解を深めておかなければならない。また、園庭にビオトープなどをつくり、自然の生態を観察したり、必要となる環境づくりを子どもたちと共に考えたりする取り組みも大切にしたい。

写真1　園庭で木の実を集める

筆者提供

写真2　木の枝でつくった秘密基地

筆者提供

写真3　木の実や落ち葉でつくる

筆者提供

写真4　園庭での共同制作

筆者提供

2　四季との出合い

　日本には四季があり、季節によって異なる草花や生き物、風景と出合うことができる。春には桜やタンポポなど色鮮やかな草花が咲き、草笛

やネックレスなどをつくる草花遊びを楽しむことができる。夏にはさまざまな生き物や植物と出合い、命との関わりを深めることができる。秋は紅葉や木の実から自然の中にある色や形の美しさに気づき、冬は雪や氷などの自然の神秘に出合うことができる。また、雨上がりの空にかかる虹や園庭を吹き抜ける風、太陽の光や影など自然がつくり出す一瞬の風景や出来事を子どもたちと共有する時間も大切にしたい。季節ごとに咲く草花で色水づくりを楽しみ、ジュース屋さんなどの遊びへと展開させていく活動も楽しいであろう。

　園庭は五感を通して四季を感じることができる空間である。四季は、生活にリズムと変化をもたらし、さまざまな行事や遊びにもつながっていく。日々の生活や遊びを通して季節の変化を感じることは、今ここに生きている自己の存在を感じることでもある。季節によって変化する園庭での子どもたちの発見や出合いに寄り添い、そこから生み出されていく新たな遊びや表現に共感し、日々の生活を豊かに育んでいくことが保育者の役割である。

写真5　園庭での雪遊び
筆者提供

写真6　もりのジュース屋さん
筆者提供

3　音との出合い

　雨や雪が降ったり、風が吹いたり、雷が鳴ったりする、日々の何気ない天候や自然の変化も、子どもたちにとっては遊びや表現のきっかけになることが多い。以下に、ある園での雨の日の出来事を紹介する。

〈事例〉「雨音から広がる音楽会」

> 　雨が降ったある日、園庭に置いてあったステンレス製のバケツに雨粒が落ちて「ポタン」「ポン」など、いくつかの音が生まれた。その音の変化に興味を持った子どもたちは、雨粒が落ちてくるところにバケツを次々と並べていった。雨粒がバケツの中に落ちて響く音の変化は、まるで子どもたちと雨がつくりだす音楽のようで、周りにいた子どもたちは雨音のリズムに合わせながら体を動かして遊んだ。雨粒とバケツによって音が生まれることに気づいた子どもたちの姿を見た保育者は、砂や小石、木の実を使ったマラカスや、空き缶と木の枝を使ったドラムなどをつくる造形活動へと展開し、園庭での音楽会へとつなげていった。

筆者作成

　子どもの行為や遊びには、造形活動を豊かに育むためのきっかけとなる出来事が含まれている。保育者には、こうした子どもの姿に目を向け、そこから新たな遊びや造形活動を展開していく実践的な指導力が求められる。保育者がすべての素材を準備するのではなく、子どもたちと共に音をつくる素材を探したり集めたりする時間も大切にしたい。

第2節　砂場や遊具との関わりから生まれる造形活動

1　砂場での遊びと表現

　砂場は、子どもたちが遊びや表現を生み出す創造の場であり、他者との人間関係を築く交流の場でもある。水の加減によってさらさらとした感触や、どろどろした感触へと変化し、遊びを通して砂の特性を理解することができる。砂の中に手や足を入れて、砂の手触りや重さ、温度を感じる体験も大切である。

砂は適度な水を加えることにより可塑性が高まり、山をつくったり、トンネルをつくったり、泥団子をつくったりすることができる。砂をご飯に見立てたり、砂に水を加えてお茶やコーヒーをつくったりして、おままごとを楽しむ子どもも多く、葉っぱや草花などの自然物を取り入れながらイメージを広げていく子どもの姿も見られるようになる。

　また、適量の砂と絵の具をビニール袋に入れて色砂をつくる遊びは、砂の手触りを感じながら素材が変化していく様子を楽しむことができ、子どもたちの好奇心を引き出す魅力的な活動である。出来上がった色砂をよく乾燥させて、砂絵づくりへと展開させていくなどさまざまな造形活動へとつなげていくことが可能である。色砂はペットボトルなどに入れて保管することができるため、日々の遊びや造形活動で繰り返し使用することもできる。

　一方で、砂場で起こる出来事や遊びを支えていくためには、砂場の環境構成や安全管理に配慮することが重要である。砂の量や道具の状態についても定期的に確認し整備するよう心がけたい。

写真7　砂場での遊び

筆者提供

写真8　おままごと

筆者提供

写真9　色砂をつくる

筆者提供

写真10　砂絵づくり

筆者提供

2　遊具を生かした表現と鑑賞

　子どもは遊びを通してさまざまなことを体験し、学習している。園庭にある遊具は、子どもたちの毎日の遊びに欠かせないものであるが、時として表現活動や鑑賞活動を広げていくきっかけにもなる。例えば、鉄棒やジャングルジムにビニールひもなどを結んでいくことによって、目で見ることができない風の動きを感じることができる。また、紙飛行機やパラシュートなどの手作りおもちゃで遊ぶ際にも、遊具は魅力的な遊び場になる。滑り台の傾斜を生かして素材や手作りおもちゃを転がす遊びを考えたり、鉄棒にモビールなどを吊るしてその動きを鑑賞したりすることも楽しい活動である。ペットボトルに入れた色水を園庭や遊具に並べたり、ジャングルジムに新聞紙を貼ったりすることによって、いつもとは違った空間をつくり出すことができ、小学校での造形遊びにもつながっていく。

写真11　鉄棒にモビール　　　　写真12　色水を並べる

筆者提供　　　　　　　　　　　　筆者提供

第3節　命との関わりから生まれる造形表現

1　生き物との出合い

　乳幼児期にさまざまな生き物と触れあう体験は、命の存在を知る上でとても重要である。園庭で出合う虫や植物などを観察したり、園で飼育している動物の世話をしたりする体験は、命の尊さを理解し、すべての

命を大切にしていこうとする子どもたちの心を育てることにもつながっていく。それぞれの地域や環境によって、園庭で出合う生き物は異なるが、子どもたちは日々の生活の中でチョウやバッタ、カマキリ、セミ、ダンゴムシ、ミミズなど、さまざまな生き物の存在に気づき、その色や形、大きさ、動きなどに関心を抱く。また、ザリガニやカメ、カブトムシなどを自分たちで飼育する体験から学ぶことや感じることは多い。卵や幼虫から成虫へと進化していく姿に生命の神秘を感じたり、生き物の死と直面することで命のはかなさを感じたりすることは、子どもたちの豊かな情操を育み、その思いは絵や立体などによる造形活動にもつながっていくであろう。

写真13 ザリガニ（5歳児）

筆者提供

写真14 アリとお花（5歳児）

筆者提供

2 食育とつながる造形表現

人は自然の恵みを受けて生きており、さまざまな命とつながっている。近年では、食の安全や健康に対する関心も高く、食育を推進している園も増えてきている。農業を営む家庭が減少し、野菜や米はスーパーなどで買うことが多い現代においては、園庭の畑やプランターなどで野菜を育て、自分たちで収穫したものを食べることは貴重な体験である。地域の協力により、子どもたちが田植えや稲刈りに参加し、収穫した米を食べる取り組みを毎年行っている園もある。イモやタケノコなどを掘り起こしたときの感動から、伸び伸びとした表現が生まれることも多い。土や泥の感触を味わったり、味覚や嗅覚を含む五感を通して食に関わった

りする機会を大切にしたい。また、野菜のスタンプ遊びや、玉ねぎの皮による染色、芋のつるを使ったリースづくりなど、さまざまな造形活動への展開も可能である。

写真15　野菜のスタンプ遊び

筆者提供

写真16　芋のつると木の実でリースづくり

筆者提供

【引用・参考文献】

あいち幼児造形研究会『子どもの表現力をグングン引き出す造形活動ハンドブック―おすすめの活動50&知っておきたい基礎知識―新幼稚園教育要領・新保育所保育指針対応』明治図書、2010年

磯部錦司編著『造形表現・図画工作』建帛社、2014年

（藤田雅也）

第6章 保育室における造形活動と保育者の役割

第1節 保育室における乳幼児の造形活動

1 造形表現から見た保育室

　子どもにとって保育室は、心を開き、身も心も遊ばせられる空間でなければならない。低年齢の子どもは、持っている五感すべてを起動させて、目の前の世界を感じ、同時に働きかけようとする存在だからである。またその遊び活動によって、さまざまな発達や学びを無自覚にしているのである。子どもの活動をそのように捉え、大人として何をすべきか、何ができるかを考えて、保育室を構成することが保育者には求められる。また、入園間もない子どもにとっては、始めて親から離れて過ごす空間であり、大きなストレスを抱えてその場にいるのである。したがって、在園児も同様であるが、自らの存在が認められて、安心して自己を表出できると感じられる空間でなければならない。そのためには、保育室を子どもが造形活動を通し、発見し、試し、多くの失敗を繰り返すための空間として位置づけることが大切であろう。そのように保育室づくりや保育室での造形活動を捉えると、保育者のアイディアや工夫の余地は大きく、担任のセンスと力量の発揮しどころといえる。

2 立体的な造形活動

　乳幼児の造形活動は、触る・押す・つまむ・動かすといった運動の軌跡が目に見える形で残ることから始まるといってよい。つまり、低年齢の

子どもの場合は、視覚だけでなく、触覚で感じる楽しさ、面白さをともなう活動からの発見や気づきを促したい。粘土を用いる場合も、低年齢の場合は何かにこすりつける触覚を楽しんだり、さまざまな音を立てて遊んだりする活動を充実させる。また、3歳以上になると、友達と知恵を出し合ったり、相手の意見を受け止めたりしながら作るとより良いものが作れることに気づいたり、一人で作るよりも楽しいことに気づける活動とする。保育者は子どもが何を作ったかのみを見取るのではなく、その子なりの、工夫しながら諦めずにやり遂げる姿や、途中で壊れても、もう一度やり直そうとする姿に成長を認めていくことが大切である。

粘土による造形活動　2歳児

筆者提供

粘土による造形活動　5歳児

筆者提供

3　平面的な造形活動

　子どもは気づいていることや知っていること、また何かを大切に思う気持ちを描画という方法で表そうとする。したがって、まず保育者が大切にしなければならいことは、子どもたちに豊かな生活体験をいかに経験させられるかを意識することである。例えばテレビアニメのキャラクターしか描こうとしない子には、そのキャラクターよりも心揺さぶる体験をさせてあげられる方法を考えていきたい。子どもが発達に応じた表現方法で、体験を基に自然な形で造形表現を行い、その過程の中で心を遊ばせられるよう援助することが保育者にとって大切な視点である。しかし、同時に考えなければならないことは、生活体験から造形活動をして、それで終わらないようにすることである。造形活動を行うことによって、次の生活体験がより充実したり、楽しみになったりする造形活

動としたい。つまり、子どもの活動をそれぞれで区切って捉えるのではなく、生活という長い文脈で捉え、体験から表現、表現から体験、そしてまた次の表現につなげることを意識し、長期的な計画によって成長を援助したい。

　また4〜5歳くらいの子どもは知っていたり、気づいていたりすることも、表現する必要を感じなければ表現をしない場合もある。そこで保育者が、表現したい気持ちをいかに子どもの中に芽生えさせ、絵を描く必然性を与えられるかが大切な援助の視点となる。子どもが知ったこと、気づいたことを言葉にし、絵に表すことによって、造形表現の領域だけでなく、健康や、言葉、環境などの領域とも重なり、就学後のさまざまな教科での学びにつながる力を育んでいることは心得ておきたい。

紙版画に描き加えて　5歳児　　　　絵の具とパスの組み合わせ　3歳児

筆者提供　　　　　　　　　　　　　筆者提供

4　色や形、素材との出合い

　子どもは保育室の中での遊びを通して色や形、素材に出合い、気づき、さまざまな力を育んでいく存在である。その出合いをいかに楽しいものにできるかが、保育者に必要なプロデュース力であり、コミュニケーション力である。大切なのは、絵の具やパスなどの描画材や物の色や形、素材の特徴、また室外から持ち込んだ自然物や廃材等の素材感などとの出合わせ方である。活動や出合いの楽しさは教えようとして伝えられるものではない。保育者には子どもと視点を合わせ、身を重ねる思いで共に楽しみ、驚きや発見を共有することの繰り返しが求められる。

　また乳幼児が造形活動を行う際、テーマや題材からスタートすること

は少ない。つまり、大人の表現活動のように、作品制作の目的や意図というものが存在し、その具現化に向けて製作活動を行うのではないのが、乳幼児の造形活動の特質である。目の前の色や形への関わりの中で、その行為自体が楽しかったり、繰り返してみたくなったりして、遊びに没頭した結果が作品として残るというプロセスをたどるのである。したがって、保育者は始めから子どもに作品を作らせよう、また作品として残さなければならないと思い過ぎないことが、子どもと色や形や素材を出合わせたり、表現活動に取り組ませたりするときに大切である。

初めて絵の具を使って描く活動を行う際も、絵を描かせようと考えるのではなく、絵の具の色が混ざる不思議さに出合わせることや、自由に線の太さを変えられることに驚くことや、新しい形を自分なりに生み出す喜びに気づくことなどを活動のねらいとしたい。小さな子どもにとって自分の思い通りに変化させられるものは少ない。絵の具は自分の働きかけで自在にその形を変えられる数少ないものである。そのように子どもに「遊んで」と語りかけてくる絵の具と仲良くなっていく活動をまずはプロデュースしたい。

みんなで大きな紙を使って　5歳児

筆者提供

色との関わり　2歳児

筆者提供

第2節　保育室の造形活動を支える環境、援助とは

1　環境づくり

保育室の壁面装飾は環境づくりの基本となる。子どもの居心地や安心

感を考えると、子どもの表現を室内の装飾に取り入れたい。廃材を取り入れたものや、子どもが道具を駆使して生み出した色や形を、保育者のセンスを交えて構成したい。その季節を感じる自然物（ススキや木の葉、木の実など）を壁面の中に取り入れると、室外活動との関係性も生み出せ、また同時に、季節の変化に親しむことができる。

できれば、作った壁面装飾をそのまま飾るだけにとどめず、飾った後からも子どもが関われる要素を作ることが望ましい。例えば、後日描いたり作ったりした作品を貼り付けたり、描き加えたりできることによって、子どもたちの中で保育室の壁面が息づいてくるのである。

いくつかの理由で、保育雑誌の型紙をそのまま写した動物や植物の形を色画用紙から切り出し、飾っている保育現場に遭遇することがある。一見、可愛らしく、子ども向けの演出に見えるが、その中で生活をする子どもたちにとってはどうであろうか。それらはあくまで目の前の子どもの実態を知らない大人のアイディアや作り方なのである。保育者は、自分の園の壁面が、生活している子どもや、これまでの体験や経験、生活している地域環境も異なる他の園と同じであることに違和感を覚える感性を育みたい。

ローラー遊びを使った壁面装飾〈夏〉

筆者提供

廃材を使った壁面装飾〈秋〉

筆者提供

2 楽しく絵の具を使う環境

絵の具の楽しさと子どもとの出合いについては、手にしたものを口で確かめなくなれば可能になるが、早く始められれば良いというものではない。大人や年長者が遊ぶ姿を見て「やりたい」と感じるのを待って一緒に楽しむのが良い。幼児期には基本的に個人持ちの絵の具は必要ない。

保育所保育指針の「感性を豊かにし、表現を楽しむ」というねらいの達成には、個人持ちよりも共同の絵の具が適している。共同の絵の具は、色ごとにカップに入れ、子どもが筆と色カップを持って、自分の描く場所に持って行って使う。使った色カップと筆は元の場所に戻して、次の色を使うという流れとなる。子どもの発達を考えるとき、3歳児には筆を元の色カップに戻すことが難しい子どももいるが、たとえ混ざって汚い色になったとしても、それはそれで大切な経験となる。3歳半くらいから筆をその色のカップにきちんと戻せるようになる。

　保育者は子どもが使いたくなる色を予想し、混色して色を作って準備をする。用紙もさまざまな色、種類を準備しておき、子どもが抱く表現への願いがかなえられるよう提供する。例えば、白いウサギとの関わりや、雪だるまを作った経験を描こうとした場合は、白い画用紙では白色の絵の具が見えにくく、表現したいものが表せない。そのような場合は暗い色の画用紙を与えるなどの配慮が必要になる。

　また、絵の具に白色を混ぜることで色の印象を柔らかくしたり、混ぜる水の量を調整して鮮やかさや筆の動き具合をコントロールしたりする術を保育者は体験的に知っておく必要がある。絵の具そのものは、色と質感・触感の両方の変化を楽しむことができ、表現力や想像性を育むものであるので、大いに使っていきたい。

3　道具との出合い

　子どもたちが、のりやハサミ等の道具と出合うのも保育室内である。例えばのりとの出合いは、のりが何かと何かを付けるための道具としてではなく、のりという粘着力のある素材として出合わせたい。素材との出合いを十分楽しんだ後で、その特徴を生かして紙を貼る活動に発展させるのである。また、ハサミという切る活動に役立つ道具として出合う前に、紙をちぎる行為の楽しさや、新しい形を生み出す面白さに十分出合わせ、また手でちぎることの限界にも出合わせることで、ハサミとい

う便利な道具との出合いが劇的なものになるのである。ハサミの使い方を習得する際に、紙素材だけでなく、楽しい遊びとして他の素材にも取組ませたい。またナイロン紐などの正しく直角に刃を使わないと切られない素材を活動に取り入れることで、正しい使い方を習得することができる場合もある。絵を描く用具は、パスや鉛筆、サインペン、絵の具等を意図的、計画的に与えたいが、絵筆だけでなく、スポンジローラーや綿棒を準備しておくと、絵の具を使う際にさまざまな展開が可能となる。

4 造形表現から次の遊びへの展開

造形活動によって生み出された表現は、保育者の工夫によって次の遊びに活用、発展させられる。ダイナミックなフィンガーペイントや、ローラー遊び、スタンピングなどをしたカラフルな紙は、子どもによって多様な製作物に変化させられる。大きな模造紙であれば、切ってつなげて服やお面を作り、着て演じる遊びにも展開できる。切ったり折ったりすれば立体的にもなり、つるして遊んだり、貼って保育室の壁面を飾ったりすることができる。自らが作り出した形や色から次の発想をし、作ったものでの遊びを考えていくことは、子どもにとってより楽しく感じられ、遊びそのものが深まっていくのである。

紙袋を使ったお面づくり　5歳児

筆者提供

伝統文化「神楽」を舞う

筆者提供

5 保育者の役割

保育所保育では、年間を通して季節や地域のさまざまな行事と連携し

行われる。そのような中で、「育ち」より行事を中心に保育活動を計画しがちであるが、保育者は常に子どもの育ちを最も大切なものとして保育活動を展開しなければならない。行事のための造形活動に陥ってしまうと、子どもにとってその活動は「やらされるもの」になり、夢中で遊ぶ活動とは得られる学びの質が異なってくる。保育者は、子どもが共通の課題に全員が自覚的に取組むのは、小学校への接続期の姿であり、乳幼児にとっての学びの姿とは、自ら環境に関わり、課題を見つけ、好きなことに夢中になり、遊び込む過程で、無自覚に学ぶものであることを理解しておく必要がある。

　そのように子どもの造形活動を捉えると、望ましい保育者の関わり方が見えてくる。保育者の役割は子どもにとって「やらされる」課題・目的を提示し、必要な材料・用具を準備するだけではない。保育者も造形環境の一部となり、人的環境として子どもとコミュニケーションを取り、子どもの試行錯誤がより深化し、充実するために機能していくことが求められるのである。新しい保育所保育指針（平成29年告示）の第1章総則の中にも「子ども自らが周囲の子どもや大人と関わっていくことができる環境を整えること。」と、「物」「場」の環境だけでなく、「人」の環境も関連し合い、子どもの生活を豊かにしていくよう記載されている。

　保育者のための造形活動ではなく、子どもの育ちのための造形活動にするために、保育者は子どもと適切なコミュニケーションを取り合うスキルが必要である。そのような保育者の力量を、保育室で繰り返し子どもと造形表現をコラボレーションすることを通して身に付けていきたい。

【引用・参考文献】
厚生労働省『保育所保育指針〔平成29年告知〕』フレーベル館、2017年

（福井一尊）

第7章 子どもの表現活動を活性化する教材例とポイント

第1節 幼児の教材を考える基本

1 発達に応じた教材

　他の動物と違い人間の子どもは未熟な状態で生まれ、脳でのシナプス結合は生まれた後に活性化する。脳の発達は0～3歳の間で約80％が完成すると言われている。そして感覚分野においては他の動物よりもはるかに優れている人間の乳児も、運動能力では他の動物に比べて劣る傾向にある。すなわち、感覚と運動能力のバランスが取れていない。そして、徐々に感覚とのバランスをとるべく運動能力も獲得されてくる。幼児の表現はすでに獲得している感覚で材料を確認することから始まる。特に乳幼児とって、5本の指をスムーズに連携させて動かすことは、そんなにたやすいことではない。描画材料に関しても、正しい描画用具の持ち方を指導するまでには、細かな関節を自由に動かせる発達を待たなければならない。幼児は未熟である。未熟であるからこそ可能性に満ちているのである。幼児の描画や造形活動において高度な内容をこなせる事に教育の成果を見出す必要はない。出来るからやらせるのではなく、無理せずその発達にあった教材を精一杯楽しめる内容に視点を置いてほしい。

2 保育環境の工夫と保育者の援助

表現材料を構成する3要素

　物を表現したりそれを形にしたりするには、「何を＝テーマや題材」

「何で＝材料」「どうして＝方法」の3つの要素がある。幼い年齢や造形経験が少ない幼児には、保育者が3要素をすべて指示することも必要である。しかし、年齢が上がり造形経験も増えてきた時期には要素の1つを抜き2要素のみを指示してもよいだろう。

例えばテーマと材料は保育者が指示するが、方法は幼児に任せてみたり、一緒に考えたりすることで幼児の考える力をよりアクティブにすることが出来る。また材料と方法は指示しても何を描くか何を作るかは自由に幼児に任せるのも豊かなイメージを育む方法の1つである。方法を指示して材料を決めさせる保育はあまり一般的ではないが、すり鉢とすりこぎで落ち葉を磨り潰して香りを楽しむ保育などはこれに当たる。園庭の落ち葉を色々と試し香りを友達同士あるいは保育者と共有するうちに豊かなコミュニケーション能力を養うことが期待できる。ちなみに創造力豊かな表現者とはこの3要素とも自ら見つけ、考え、実行、できる人間であろう。

第2節 さまざまな教材と保育の実際

1 描画教材

(1) 描画教材の特徴

幼児に使われる描画材料には水性絵の具、子ども用の工作絵の具、コンテ、パステル、水性ペン、油性ペン、墨、マーブリング絵の具、版画絵の具などがある。こうした描画材料が何で作られているかは教材を準備する上で非常に大切な知識となる。すなわち描画表現活動を通じて幼児に何を経験させ、何を目標としているのかにより描画材料は異なるのである。また、材料の成分を知ることは目的に応じた教材選択を可能にする大きな要因である。**図表7-1**は特によく使用される材料とその成分である。

図表7-1　絵の具・筆記具の種類と組成

着色材	展色材	絵の具・筆記具名
顔料（黒鉛）	粘土	鉛筆用黒芯
顔料	粘土質粉末	コンテパステル※、パステル
顔料	油脂またはろう	クレヨン、クレパス※、色鉛筆用芯
顔料	合成樹脂	クーピーペンシル※
顔料	水溶性樹脂溶液	水彩絵の具、ポスターカラー
顔料	樹脂エマルジョン	ニューサクラカラー※、アクリルカラー
顔料	乾性油	油絵の具
染料	水性溶剤	サインペン類
染料	油性溶剤	ペンタッチ※、油性ボールペン
顔料	水溶性樹脂溶液	ピグマックス※、ピグマ※
顔料	油溶性樹脂溶液	ペイントマーカー※

出典：塩見知利編著「発育表現・学びなおし講座」サクラクレパス提供

　着色剤には大きく分けて顔料と染料の2種類がある。正確には水や油の溶剤に溶ける着色剤を染料、溶けないものを顔料と呼ぶ。
　顔料は、鉱物を原料とした合成顔料である。有機顔料も石油を原料とする合成顔料であり、天然の顔料が使われることはない。染料は、植物や動物から取れ非常に粒子が細かく混ざりやすい。したがって、布や紙などにも浸透しやすい素材である。染め紙遊びなどには和紙に浸透する染料系の絵の具が適している。水性のサインペンなどを利用すると綺麗に染まりやすい。水性絵の具やポスターカラーなどでの紙染めは、鉱物など水に溶けない色材が用いられているため上手くいかないことが多い。

(2) 線遊びと子どもの理解

　元来、言語と描画表現は緊密な関係にある。「グルグル」と言いながら描く線は自然に円や渦巻きになり「トントン」と発音すれば叩くように点を打つことになる。このように他の擬音や擬態語も声に出しながら

図表7-2　ハプティックタイプ
（筆者提供）

図表7-3　カタログタイプ
（筆者提供）

線を引くと、多様な線が生まれる。また幼児の場合大きな声を出すことによって筆圧があがる。「美味しくなれ、美味しくなれ」と声を出して描くケーキは無言で描くよりも筆圧が強くなる傾向にある。

　次に、子どもの個性を知るには日ごろの子どもの行動を観察することが不可欠であるが、ここでは描画教材「線遊び」を通して、表現に関するタイプを学んでみる。クレパスから一色選び、海や風や日常生活音を聞かせてそれを声に出して表現する。音が変わればクレパスの色を変える。

　このような実践をすると、おおむね**図表7-2**のように無造作に書きなぐるタイプと、**図表7-3**のようにきっちりと並べるタイプに分かれる傾向がある。**図表7-2**をハプティックタイプ、**図表7-3**をカタログタイプと呼ばれている。これらは4歳児の描画であるが、成人に行っても概ね同じようなタイプを見いだせる。

　カタログタイプは物事を順番に整理しながら行うタイプである。版画のように順番が決まっているものや、塗り絵や模倣を好むことが多い。また比較的頭足人なども早くに獲得する。一方ハプティックタイプ（感情型）の幼児は、絵の具や粘土など素材を触りながら試作し、感覚で材料と格闘する子どもたちである。彼らは、ぬたくりやなぐり描きを進んでこなすことが出来、自らイメージを拡大し言語化しつつ活動が大胆になることが多い。

　こうした2つのタイプ分けは、子どもにレッテルを貼るものではない。

ここで学んでほしい大事なポイントは描画にも子ども一人ひとりにタイプ（個性）があることを知り、造形内容を考えるに当たっては多様な教材を学び使い方や内容のバリエーションを習得することにある。

2　粘土

(1) 各粘土の特徴

　粘土には多くの種類があるが、幼児が使用するのは主に紙粘土、油粘土、土粘土である。油粘土以外は時間の経過にしたがって硬くなっていく。また紙粘土には芯を入れてもひび割れたりしないが、土粘土は芯を入れるとひび割れが起こる。土粘土は完全に乾いても水に戻して練り直すことが出来るが、保育者が大量な粘土を練り上げるのは困難である。出来れば土粘土も消耗品と考えてほしい。園庭に埋めるなどして、泥団子遊びの材料とするのも土粘土の利用法である。また、アスファルトの道路があたりまえの現代社会において土粘土を裸足で踏む感触は、幼児のうちに是非、体験させておきたいものである。

(2) 小麦粉粘土を使った感覚遊びの実践

　小麦粉粘土は感触遊びとして主に乳幼児で用いられる教材である。ボウルに入れた小麦粉に微量の食紅をあらかじめ混ぜておき、子どもたちの前で水を加えると白い粉がピンクに変わるので、驚きと同時に触りたい気持ちがめばえる。少量のサラダ油を入れ緩和したり、食品エッセンスで香りをつけたりすることも出来る。また、小麦粉にレーズンなどを混ぜておき感触の差に気づかせたりするのも、1〜3歳には大事なことである。

3　さまざまな教材を使って

(1) 色水遊び

　色水遊びは子どもたちにとってとても楽しい保育内容である。ここでは水性のサインペンを使った色水遊びを紹介しておく。

サインペン色水遊び

　ペットボトルのふたの裏に水性サインペンで塗りこんだ和紙を仕込んでおく。赤、青、黄色の三原色を準備した。子どもたちの前で振って見せると、ペットボトルに水性のサインペンの色が溶け出し、水が透明色の赤、青、黄色に変化する。子どもたちはこれだけで歓声をあげる。色水遊びの導入である。次に子どもの数に合わせ準備してある仕掛けペットボトルを振って子どもたちが色水を作る。後は透明のコップにそれぞれが色を混ぜて遊ぶ。色が変化し色水の実験が始まる。顔料系の絵の具の場合、三色混ぜればすぐに濁色になるが、染料系の色水はいくら混ぜても顔料系のような濁色にはならない。また三色混ぜて透かして見ると無色に見えるので大変に面白い。子どもたちの持続性と集中力は顔料系の絵の具（ポスターカラーや水彩絵の具）を使った色水遊びよりは数段高まる。

（筆者作成）

　ここでは水性ペンを利用したが、食紅などの食用色素も染料系の色材であり、うまく利用すると面白い教材となる。子どもたちにとって新しい材料に対する驚きと興味は自ら発見し、考え、行動する力を生み出し、豊かな表現感覚を引き出す基礎となる。

(2) 石や蛍光塗料を使った遊び

　石と蛍光塗料を使った保育実践を紹介する。子どもたちの立体へのかかわりは並べること、積むことから始まる。自然素材としての石は重さも形も同じものはなく子どもたちのイメージを無限に広げることが出来る材料である。

光る石

　いろんな石を並べたり、積んだりするだけでも子どもたちにとっては非常に有益な体験となる。この保育ではさらにイメージが広がるように、石に蛍光ペイントを塗り、ブラックライトを取り付けた部屋に積みあげた。部屋の電気を消すと山のように積まれた石は宝物のように輝き子どもたちは歓声をあげる。
　後は子どもたちの自由な行動を見守るように、時には保育者も一緒に

なり並べたり積み上げたりを楽しんだ。結果、子どもたちは現実にはない夢のような世界を体験できた。この保育で個人作品は残らない。しかし、子どもたちは多くの「きれい」を発見し、イメージを広げ、材料にアクティブに関わった経験は貴重である。合わせて軽量紙粘土に蛍光塗料を混ぜ込み同じ場に持ち込めば年齢は問わず光る色の保育を体験することも可能である。

（筆者作成）

（3）光を使った遊び

「光を使った遊び」を紹介する。鏡に、教師の描いた魚と子どもの描いたくらげが天井に投影されている（**図表7-4**）

図表7-5　鏡に描いた魚とくらげ

（筆者提供）

手鏡プロジェクション

　一方からだけ光が入るようにした部屋が準備された。太陽光を十分に取り入れられる縁側と奥の薄暗い空間である。保育室は壁に白い模造紙のスクリーンを張り、どの方向にも反射した光が鮮明に映るような環境が準備された。保育者は鏡に、水性ペンで魚を描いて壁に写し出す。光が鏡に反射し水性ペンの色がフィルターとなり、スライドのように魚を壁に写し出す。手もとの操作により鏡の中の魚は、天井から、壁、床にと這って行き多くの子どもたちは魚を捕まえようと光の後を追いかけて行く。子どもたちの服にも順に投影される。この遊びに興味を持ってきた頃、一人ひとりにサインペンと、手鏡が配られる。子どもたちは、自由に手鏡に絵を描いて壁に写して遊ぶ。援助として、光をうまく鏡に捉えられない子どもにはその方法を教え、鏡にサインペンで描いた絵はティッシュで拭き取ることによって何ども描か直しができることを伝える。色を塗っただけでもきれいに壁や天井に映ることが解るとさらに表現が活発になる。

　時間の経過とともに、お互いに天井で映像をぶつけ合いながら、お話を始めたり、スクリーンの裏側から影絵遊びのように自分の影をまじえて話を展開したりする子どもがでてくる。表現遊びの始まりである。

（筆者作成）

【引用・参考文献】

リタ・カーター、養老孟司 監修（藤井留美 訳）『脳と心の地形図』原書房、2005年

技術教育国際フォーラム協議会、日本工業大学編『感性と教養』丸善、2005年

諸富祥彦編著『フォーカシングの原点と臨床的展開』岩崎学術出版社、2009年

V．ローウェンフェルド、竹内清・武井勝雄・堀ノ内敏 訳『美術による人間形成－創造的発達と精神的成長』黎明書房、1995年

中川香子・清原知二編『保育内容表現』(新時代の保育双書) みらい、2010年

（塩見知利）

第8章　子どもの発達と造形表現

第1節　年齢ごとの造形活動を豊かに

　子どもの造形的能力は、心身（認知機能、運動機能、感情や感性）の発達と関連し、生育環境にも影響を受けながら、どの子も同じ発達の道筋をたどることが明らかになっている。しかし、同じ道筋を進むとはいえ、進度には個人差があり、発達が直進的ではなく、行きつ戻りつしながら進んでいくことを考えると、適切で継続的な支援や援助が必要である。

　また、子どもの発達には各段階に達成すべき課題があるとされている。それを獲得していないと、次の段階における高度な課題を達成することはできない。これは、造形表現における発達にも当てはまる考え方である。子どもは何度も同じようなものを描いたり、作ったりすることがある。まして初めての素材や道具を使うときや、初めて行う活動においてはなおさらである。それらは大人にとっては無駄に見えることかもしれないが、子どもたちにとっては必要な体験なのである。よって、各段階における活動が等しく価値のあるものという認識を持ち、年齢ごとにおける造形活動を豊かに、十分に行うことが大切である。

　現代の子どもは、体を動かして何かをするという直接体験の不足が指摘されている。だから、各育ちの段階において、手や体を使い、知恵や感性を働かせて、問題を解決しながら、造形活動を行っていく経験が必要である。そうすることによって主体性や創造性が培われ、豊かな感性が育くまれることには疑いを容れない。保育者側からは、子どもに寄り

添い、発達に見合った適切な援助、支援を行い、表現を受け止める姿勢が不可欠である。

ここからは、描画活動と立体的なものづくり活動に分けて、子どもたちの発達と造形表現について、年齢に沿って詳しく解説していきたい。

第2節 子どもたちの描画活動

1 1歳半から2歳半頃の描画──スクリブル

子どもたちの最初の描画は、何かを表現するというよりは、手の動きの痕跡、あるいは遊びとして始まる。その後は、目や手、頭の協働によって、紙からはみ出ることなく、大小いくつもの渦巻や閉じた円が自在に描けるようになってくる（図1）。

図1 M子2歳4か月

筆者提供

このようにして、子どもたちが初めて描く絵を**スクリブル**と呼んでいる。日本語訳は、**なぐりがき**であるが、決して、粗雑に描いているという意味ではないので、注意したい。この時期の描画活動は、ほとんどが線描きなので、クレヨンやマーカーが主であり、それらの適切な使い方の指導も重要となる。

こうした活動は、一見意味がないように思うかもしれないが、画材と出合い、描く行為に目覚め、興味を深めていくので、十分な活動をさせてあげることが不可欠である。

2 2歳半から4歳ごろの描画──象徴期（命名期から図式前期へ）

円が描けるようになると、言葉の発達とも結びついて、次の段階に入っていく。**図2**は、**図1**と同じ子どもの絵（2歳5カ月）である。さほど変わらないと思うかもしれないが、この絵には《お花畑とMちゃん》とタイトルがついている（母親が聴き取ってつけたもの）。大人には見ただ

けで何が描かれているか分からない絵だが、本人にとってはどれが自分で、どれが花かがはっきりしているのである。

　こうした閉じられた円形などの象徴的な形に、さまざまなイメージを託す時期を**象徴期**と呼んでいる。そして、特に名づけられた形を描く前期を、**命名期**と呼ぶ場合もある。けれども、まだまだこの時期は、お花と答えていたものが、しばらくして尋ねるとちょうちょと別のものに変わっていたりすることもあるようである。

　この時期には他にも特徴的な表現がある。1つは**頭足人**（**図3**）である。それは初期の人物像で、円とそこから出る線で表わされるため、頭と足になぞらえて頭足人と呼ばれる。これは頭と身体を描き分けられる前の人物像で、あくまで人を象徴的に表現した絵ということに、十分に留意しておきたい。もう1つは**カタログ画**（**図4**）である。商品カタログのように物が並置して描かれた絵を指している。特徴として、描く対象の大小を意識せず、前後左右の位置関係もあいまいで、むしろ思いつくままに羅列的に描いている。

　3歳を過ぎてくると、だんだんと社会性（家族や友達、保育者など周りの人への関心）が発達し、あわせて言葉数も多くなってくる。そして、それらが、組み合わさっていろいろなイメージとなり、絵を活発に描くようになってくる。そして、この時期は、色の名前と実際の色彩が結びついてくるので、色について教えることも大切である。

　また子どもは、描いた絵についていろいろお話をしてくれることがある。それは、言葉を十分に獲得する前の彼らにとっては、絵がメッセー

図2《お花畑とMちゃん》

筆者提供

図3　頭足人《プールで遊んでいるところ》

筆者提供

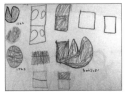

図4　カタログ画（ハート、ボール、ちゅうりっぷと説明書きがある）

筆者提供

ジであるからだ。その意味では、お話がいっぱい詰まった絵こそが、子どもたちが主体的に活動できている証拠といえるかもしれない。このときは大人が、そのお話を十分に受け止めてあげることが重要である。そうすることで自分の活動に対する自信が生まれ、ますます描くことが好きになっていくのである。また、子どもたちにとっては、受け止めてもらうことで初めて絵を描いたことが完結するのである。

　この時期、画材としては絵の具を初めて使う場面が出てくる。最初、保育者が絵の具を少し薄めに溶いて、絵の具スタンドと筆を共同で使うこととなる。使い方の手ほどきも必要である。

　最後には、描く前から意味やイメージを持たせたものを描けるようにもなり、形が組み合わされて、少しずつ図式的な構図に移行していくのである（この時期を**図式前期**と呼ぶ場合もある）。

3　5歳頃からの描画——図式期

　5歳頃になると、4歳頃までの力強い表現は影を潜め、概念的な絵といわれるようにパターン化した人物や車、家や植物などを組み合わせ描くようになる。造形的には面白みのない表現となってくるが、これはこれでこの段階の表現として受けとめてあげたいものである。

　もう少し詳しく見ていくと、正確な距離感や、大きさはまだまだ描けず、ものの重なりもまだ描くことはできない。しかし、絵の中に上下左右の空間が描かれるようになり、画用紙の下が地、上が天となる。こうしたことからこの時期を**図式期**と呼んでいる。

　この時期は、見たことを描けるだけでなく、自分の思いも表現できるようになってくるので、経験に基づいた絵や空想的な絵が増えてくる。絵本を読んでもらった後に、その物語の絵を描くこともできるようになる。また、友達同士で交流しながら描くことも楽しくなり、共同でつくることができるようになる。また、この頃から、男女の性別に興味を持ちはじめるので、男女の違いが表現活動に出てくるのも特徴である。

この時期になってくると、絵の具などの道具や材料は、個人持ちのものをそろえたり、共同で作りたいという思いにも対応できるように、さまざまな準備をしておくことが大切である。

　この年齢の子どもたちの特徴的な表現方法にも触れておきたい。1つは**多視点画**（図5）である。違う視点から見た対象を1つの画面に描いた絵のことである。見たこと、知ったことをまとめて描いていると考えたほうがいいかもしれない。また、**展開図法**（図6）という描き方もあるが、これは多視点画の一種と考えることができる。また、それとよく似た描き方に**俯瞰図法**（図7）もある。これは高いところから見下ろしたように描く方法である。もう1つは**基底線**（図8）の出現である。これは、地面を表す線で、画面下部に引かれている。また、線を引かずに、画用紙の下端で代用する場合もある。一方で上部には、帯状に空が描かれることが多い。真横から見たような空間表現である。**レントゲン画**（図8）もある。これは、外からは見えない内部のものを、透視したように描く絵である。また**異時間と異空間の同存表現**がある。これは例えば、読んでもらった絵本の絵を描く場合、異なった時間や異なった場所で起こったことを、1つの画面に描いてしまうことを指している。その他には**アニミズム表現**もある。これは太陽や雲などの非生物にも命があるかのように、目や口を描いたりする表現である。最後は**誇張表現**である。これは

図5　多視点画

筆者提供

図6　展開図法

筆者提供

図7　俯瞰図法

筆者提供

図8　基底線・レントゲン画

筆者提供

興味関心のあるものを大きく描いたり、数多く描いたりする表現である。

子どもの描画発達の到達点は、中学生になって描くことができる視覚的にリアルな絵とされている。その意味からすると、今まで触れてきたそれぞれの絵は、到達点に向かう途上の絵というより、全く異質な感じを受けるかもしれない。しかし、考え方を変えてみると、ある研究者の言った「知っていることを描いた絵」(知的リアリズム)という点では、視覚的な絵とは違う優れた絵とはいえないであろうか。いずれにしても、子どもたちが、各段階で獲得すべき重要な表現である。

第3節 子どもたちの立体的なものづくり活動

1 1歳半から3歳半頃の立体的なものづくり
――もて遊びから意味づけへ

乳児が目の前にある積み木を、口の中に入れたりする行動は、探索行動として知られている。その積み木を、次は立てたり、倒したり、転がしたり、その後は電車や家に見立てて、いくつも並べてみたり、積み上げたりして遊ぶようになる。それは、もて遊ぶだけだった状態から、意味づけた遊びへ発展したことを示している。こうした行為は、ものづくりの観点からは、材料と出合い、材料としての性質、可能性を知り、その上でそれに働きかけたという原初的な造形活動である。

ここでは紙の代表である新聞紙を使った活動を紹介したい。まず、新聞紙を貼り合わせて、大きな1枚に仕立てる。それを広げて下に潜り込んだり、上に乗ってゴロゴロ転がったり、巻き付けたりする。そうして、紙の感触を感じたり、紙が出す音を楽しんだりする。そして最後には、破ったり、丸めたりして飽きるまで遊ぶのである(図9)。子どもたちは、いろいろな遊びを繰り返しながら、いろいろな顔を持つ紙に出合い、素材を

図9 新聞紙を破る

(筆者提供)

知っていく。そうした中で次はこうしてみようとする意欲が育まれるのである。図10の作品は、後の作品であるが、新聞紙を筒状に巻いたり、丸めたりしたものを組み合わせて、いろいろな動物

図10　新聞紙で作ったぞうときりんとさる

（筆者提供）

に見立てた作品である。まさに、もて遊びから、意味づけされ、見立てられた作品へと発展していることが、理解していただけることと思う。

　他にこの年齢の子どもたちの創造性を受け止めてくれる素材として、砂場の砂がある。最初、子どもたちはスコップを使って砂を器に入れたり、出したりして遊ぶが、その後、砂を容器に入れて固め、プリンやケーキを作る。それでももの足りなくなり、白砂が砂糖パウダーとしてトッピングされたり、フルーツなどに見立てられた木の実や葉っぱが上に乗るのである。砂場での活動も、この時期の大切な造形活動の1つである。

2　4歳頃からの立体的ものづくり
　　　──つくりあそびからものづくりへ

　4歳を過ぎる頃になると、使いたい素材を選んで、いろいろな形を組み合わせて工夫しながら、見通しを立てて作品を作れるようになる。遊びの要素が強かったつくりあそびから、計画して、工夫を凝らした本格的なものづくりが始まるのである。また、友達と話し合って共同でつくることも可能となる。

　そして、いろいろな道具を使いこなすことができようになってくるのもこの時期で、使い方などを教える支援も大切となる。ハサミであれば、1度切りから、連続切りや重ね切りの習得も必要となってくる。のりについても、1点づけから、必要なところに適量を上手に塗れるように教えてあげなくてはならない。ややもすると、子どもたちは、付けすぎてしまうからである。しかし、一方的に教え込むのではなく、活動を楽しむ中で自然に身につけていくようにしたいものである。

この時期、ぜひ経験させたい素材は土粘土である（図11）。土粘土は砂よりも可塑性に富んでいて、ちぎったものを丸めたり、つぶしたり、またひも状に延ばしたりすることができ、それらをつなげたり、貼りつけたりできるなど、思いのままに扱うことがで

図11　土粘土で作る

（筆者提供）

きる。だから、構想を持ってものづくりに取り組める年齢の子どもにとっては、最良の素材である。仮にイメージどおりに行かなければ、作り直すこともできるので、造形が苦手な子どもでも夢中になって取り組むことができ、子どもたちの思いをかなえるのに適した素材である。そして保存したいときは焼成することも可能である。

　ここまで、子どもの発達と造形表現を年齢に沿って見てきた。一般的に、学びと遊びは対立する概念かもしれないが、子どもたちの造形に取り組む姿を見ると、それらが、混然となって共存していることが分かってもらえたと思う。子どもたちは、ものづくりによって多くを学び、育っていくのである。子どもの造形に携わる大人にとって、こうした年齢ごとの子どもの表現を理解し、実践の中で支援、援助していくことは、何よりも大切なことである。

【引用・参考文献】

皆本二三江編著『０歳からの表現・造形』文化書房博文社、1991年

東山明・東山直美『子どもの絵は何を語るか』日本放送出版協会、1999年

平田智久・小野和編著『すべての感覚を駆使してわかる乳幼児の造形表現』
　　　保育出版社、2011年

今川公平『アート・子ども・いのち』ちゃいるどネット大阪、2013年

（石川博章）

第9章 子どもの作品の見方と評価

第1節 造形活動の評価への心構え

1 保育者に求められる造形の評価の視点

　さまざまな素材の体験を出発点とした幼児の造形活動では、個人の発達段階に応じた造形物が表される。それは、表現意図を持って創作されたものや、無意識、偶然に生み出されたものなど千差万別である。その援助を行う保育者は活動中の子どもの表出方法に「何者にも制限されない自由」を保証しなければならない。しかしそれは「放任」とは性質を異とすることを認識したい。

　つまり保育者には自由を評価するという、判断に悩む課題が発生する。その評価軸には保育者が定めた題材のねらいの到達度を測ることや、子どもの製作意図の達成度を計るなどの方法があるが、その中でも自由が約束された子どもの表現への評価とは、順位付けではないことを特に意識したい。つまり保育者に求められる能力は、「子ども一人ひとりの造形活動を適切に観察し、個々の作品に内在する価値を見いだす」という点にある。

2 本章の内容とその理解に向けて

　他者からの評価は、時に人生の方向性を決定づけることにもなる。特に幼児の場合は将来の方向性をつかむという点で大きな位置を占めるた

め、保育者には責任を持った取り組みが望まれる。

そこで本章では、本書でのここまでの学びを基にして幼児の作品の評価と観察を行う際に求められる大人の価値観への留意点や、作品の観察法とその運用の観点の外郭を示す。なお、それらに含まれる発達学や色彩学、造形学の詳細は別途、本書の通観や本章末尾に示す参考文献、美術書等の副読本を活用していただきたい。

3 より効果的な保育のために

評価や観察に関する事項は、養成課程在籍中のみならず就業後の研修等で積極的に学んでほしい事項である。その継続的な活動を糧とすることで、子ども一人ひとりの作品の美しさの発見する力が養われた保育者となり、質の高い援助や助言ができるようになる。

そして保育者には、幼児から製作の意図や題材への興味を直接聞き出したり、その成果物の観察から作品に内在する発想や表現を感受する力が求められる。それには、保育者自身の経験や連想力の豊かさが肝心である。そのために、日ごろから日常の生活にある美しさを見いだす努力を続け、「感じる力」と「見つける力」を修得していってほしい。

第2節 潜在する大人の価値観への留意
──「青年期の危機」を手掛かりに

1 保育者自身の描画の発達段階

本書の読者、おおむね20歳以降は年齢的に児童期から青年期へと移行している。描画に限ったその発達段階は、対象が何かを示すことから物を見えたとおりに描く段階へと反応を変化させた位置にある。この外界との結びつきの発展から、読者の年齢層の多くには再現性が高い作品に肯定的な反応を示す傾向が潜在する。

発達に即した傾向は、幼児の成長からも理解できるように無意識的に表出する。そのために保育者は自身の年齢を含む造形の発達段階を改めて理解し、再現的に描こうとする行為が、段階の進んだ活動であることを認識しておきたい。

2 「うまく描けない」という意識の芽生え

描画における児童期から青年期への移行では、前述した態度の発達によって視覚による観察が促される。しかしこの移行の展開では、その過程ではビクトル・ローエンフェルド（V・Lowenfeld 1903〜1960）が「青年期の危機」と示す、自己の態度が定まらない期間の発生による創作の方法と自信を見失う時期が多く見られる。このことから、以前までの発達段階の移行よりも困難な展開となる。

確かに、幼少の頃は図工が好きだったのに、いつしかその活動を嫌い、苦手と感じるようになる大人は多い。これを「青年期の危機」に基づいて考えると、それは成長するにしたがって「思い通りにうまく描けない」と感じる状況に陥っていると捉えられる。

この点を年齢における理想と実際から考えると、このときの当人は作品の目標を再現に置きながらも技術的にそれが達成できず、その前段階的な表現を表出せざるを得ない、理想と現実がかけ離れた状態にある。このような状況は学生や保育者を対象として造形活動に関するアンケートにて「うまく描けない」の回答が一定数あるという報告から、多くの読者にも当てはまるところがあるのではないだろうか。

その要因を教育制度から考えてみると、保育を専門的に学ぶ前段階すなわち高等学校の課程での美術の時間は音楽や書道との選択制がとられる場合が多い。つまり保育を学ぶ者の何割かは約3年間、造形や図画工作、美術等の制作活動に触れていないという現状がある。それは「青年期の危機」という困難を克服する機会が中学高校といった適切な時期に少なかったことを想像させる。そのような状況からは学生の抱く「うまく描け

ない」という感情の萌芽が仕方ないものであるとも言えなくもない。

3 不整合な状態への理解と保育者としてのあり方

　ともあれ、「自己の描ける絵を描く」という制作の態度をとり、その作品の反省や他者の作品を鑑賞し評価する際には「写真のような絵」のような理想像に基づいた性格を求める傾向が潜在するという、ローエンフェルドが「歪められた態度」と表した［ローエンフェルド、1963］、不整合な状態になりやすい。

　しかし保育者はその位置にとどまらず、以前よりも意識的に視覚による観察力（見る力）と触覚を生かした洞察力（感じる力）の学びを深め、自己の造形段階の移行を「視覚型」「触覚型」共に完了させることが望まれる（各型の詳細は『美術による人間形成』を参照いただきたい）。それは援助・補助・指導の類が、その対象者よりも高い見識と能力の余裕を持ってこそ可能となることを保育者自身で認識し、より質の高い保育を目指すために必要と言えよう。

第3節　作品の観察法

1 作品の全体を見る

　作品の観察では、画面や造形物の全体がどういう色や形によってまとまっているかを知る力が求められる。そのためには、適当な距離を取って作品を見るという方法が美術領域では多く用いられる。

　この際には、四角い画面の絵画であれば画面の四隅、立体の造形物であればその外郭を含む全体を観察できる意識を養い、それと同時に配色や量感等の内側の情報も取り入れる必要がある。その他、空間や環境を生かした作品では、その全体感や空気感等の目に見えない感覚を感じ取

ることが重要である。

　保育においても、保育者は全体感を意識して幼児の作品を観察していきたい。その能力は、美術館等での鑑賞を意識的に継続して取り組むことによって徐々に習得できてくる。

2 細部を分析する

　作品の特徴は、次項に示すような素材や筆のタッチ等の細部の描写や造形、図像等に注目し、その集合によって分析的に捉えることもできる。その際には、自身の知識や経験則による引き出しの多さが必要となる。また、それら多くの情報をまとめ上げる論理的な思考も必要である。
　一方でこの観察法は、それらの能力が不足した場合、作品中にある個別の部分に注目してしまう場合が多い。そのため前項との併用が望ましい。作品の観察はあくまで制作物全体の造形的な特徴や美的要素を認識するものであることを忘れてはならない。

第4節　観察法の運用のための観点

1 結果や過程で捉える

（1）造形要素
① 配色

　色の組み合わせは、各地域の文化や季節感等を感じさせる。こと日本は自然に根ざした色が多いことから、その感受性は大切にしたい。保育者は色彩学から色の性質や配色の構成、混色法を学ぶことで子どもの製作の援助と作品の評価が色彩という観点から妥当なものとなる。
　助言や評価の際には、幼児が対象から感じた実感や意図を大切にしたい。例えば、幼児が林檎を青や黄、紫色で描いた場合に一義的に色材を赤色に持ち変えさせることは、「林檎は赤い」という保育者の意識に沿

うものである。子どもが自由に感じた色は何色かということを保育者は共有していきたい。

② 質感

作品の表面に表れたザラザラ・ツルツル等の質感は、色の効果と関連し複雑な美しさを秘めている。保育者はその中にある「砂」や「鏡」「動物の皮膚」等のより具体化したものを連想することで質感の効果がを明瞭にするとともに、成長の進んだ幼児へ新しい気づきや発見を促していきたい。

また、質感は結果と共に、それをいかにして作品に表そうとしたのかに注目したい。つまり、製作態度や意欲といった点である。それは次項の（2）にも示すが、例えば光る泥だんごを作った場合、光る質感を獲得するに至った集中力やこだわりは、画家や彫刻家のそれと同じである。いうまでもなく、この取り組みは積極的に評価したい。

③ 形態

かたちの創出は、造形活動において色と共に重要な要素である。発達段階に沿って振り返ると、それは動作から生まれた意味を持たない形態から、建物や牛、人などの意味を持った「物」に変化する。保育者はそれらに見る抽象的な美しさや物を意味づけした意図、そして色彩の項と同様に幼児が対象から感じた実感を表そうとした形態のあり方を理解し、それに即した評価が求められる。

この活動での要点は、子どもが自ら捉えた形態をかたちづくる行為を楽しむことにある。そこでの保育者の留意点は例えば、幼児が物を表現した場合、その中に子どもの実感が伴われていれば人体や動物の比率が大きく崩れていても問題はないということである。むしろ、先に述べた再現を求める大人の価値観が入ることを保育者自身が気を付けたい。大切なことは子どもが実際に感じ、意図した事が表現されているかどうかである。

(2) 偶然を見つける

　造形活動の、作業中には偶然に表れる美がある。特に、美しい混色や質感は年齢を問わずその傾向がある。その他では、成長するにつれ偶然にも再現性の高い形態や色彩を現出させることが幼児には間々ある。

　子どもにとって、それらは自然発生的であるため、製作中には気に止まらずそのまま壊してしまうこともある。保育者はその偶然の美を発見し、幼児と共に検討するような発話によってそれを生かす方向へ導くことも、子どもの新しい気付きのために時として重要である。

2　発想や工夫を捉える

(1) 着想や構想に注目する

① 象徴性

　象徴性は西洋の宗教画を想像すると分かりやすい。つまり、作品中にある各要素とその組み合わせが何を意味しているかということである。幼児期では、なぐり書きの段階以後、作品とそこに配された要素に意味を見いだす傾向が芽生える。その作品の中にある生活に根差した主題やそれが転じた発想は幼児の表出したかった思い、つまり表現であり、保育者は導入の活動や製作の時間を通してそこに美を見いだすように努めたい。

② 素材と道具の選択・使用法

　素材とその加工法は造形活動に欠かせない。保育者はその組み合わせや応用法を理解し、幼児が意図する表現が得られるように援助していくべきであろうが、まずは子どもが主体的に発した素材・用具への興味や欲求を尊重したい。その中で、通常とは違う選択や造作の工夫により、作品に美しい表情や効果が発生する場合が多々ある。その選択の過程や試行は肯定的な判断のために見逃せない過程である。

　加えて、1、2歳ごろの活動では、それらを用いるときの行為の勢いや伸びやかさなども注意深く観察したい。

③ 構成

　構成の判断は、自由度が高いため鑑賞者の造形力や観察力が大きく関わる。その中で評価の軸の例を検討するならば、主題が大きく描かれていることや、物の配置によって空間感が出ているか、色やその濃淡のバランス等があろう。それらが一般的な作品と比較し、どれだけ自由で独自な発想で配されたかということが重要な点となる。

　構成に関する援助では製作の現場で多種多様な場面が生まれる。保育者は、一般論を踏まえつつ、子どもの作品ごとの色彩や物体の配置の面白さを発見する感覚が求められる。

(2) 興味関心や意欲、態度

　多くの子どもは製作の内容ごとに得意と不得意があろうが、自分なりに上述のような発想や工夫を通して自身にとってより良い成果物の追求を懸命に行う。その姿こそ、造形「活動」の本質的な評価の軸といえる。保育者は、幼児のその取り組みと成果物の良さや面白さの関係性を振り返り、活動への興味と楽しさの発見を助けることが大切であろう。

【引用・参考文献】

ナンシー・R.スミス、上野浩道訳『子どもの絵の美学―イメージの発達と表現の指導』勁草書房、1996年

ハーバート・リード、宮脇理・岩崎清・直江俊雄訳『芸術による教育』フィルムアート社、2001年

ビクトル・ローエンフェルド、竹内清ほか訳『美術による人間形成―創造的発達と精神的成長』黎明書房、1963年、P.352

益田朋幸、喜多崎親編著『岩波西洋美術用語辞典』岩波書店、2005年

若元澄男編『図画工作・美術科重要用語300の基礎知識』(重要用語300の基礎知識9巻) 明治図書、2000年

　　　　　　　　　　　　　　　　　　　　　　　　（中尾泰斗）

第10章 年間行事における表現活動

第1節　年中行事と年間行事

1　年中行事

(1) 年中行事とは

　「毎年一定の時期に特定の集団により行われている儀式・行事」（大辞林）、「同じ暦日がめぐってくるたびに、毎年家庭や地域社会を始め、さまざまな集団によって繰り返される行事」（年間行事辞典）を指す。

　日本神話である『日本書紀』に天照大神が斎み清めた庭に稲穂を天照大神の孫（天孫瓊瓊杵尊(ににぎのみこと)）に授けられ、米を作る暮らしこそが日本に繁栄と平和をもたらすことを託されたと記されている。宮中のほか、伊勢神宮や出雲大社で恒例祭典として執り行われる祈年祭・新嘗祭(にいなめさい)は、春に五穀豊穣を祈り、秋の収穫に感謝する祭がある。

　本来、これらの行事は宮中の行事のことを指していたが、やがて一般の生活にまつわる行事や祭り等が加わり、日本人の習慣として広く長く言い伝えられてきた。

　アメリカにもさまざまな行事があるが、その歴史は200年である。一方、日本は伝統的に受け継がれ、2000年以上の歴史がある。つまりそれだけ伝統行事を大切にしているということがうかがえる。

　カレンダーに記されている祝日は昭和23年に「国民の祝日に関する法律」により制定された（**図表10-1**）。カレンダーには国民の祝日以外にも

図表10-1　国民の祝日に関する法律（昭和23年法律第178号）第2条より

名称	日付	内容
元旦	1月1日	年のはじめを祝う。
成人の日	1月第2月曜日	おとなになったことを自覚し、みずから生き抜こうとする青年を祝いはげます。
建国記念日	2月11日	建国をしのび、国を愛する心を養う。
春分の日	3月21日	自然をたたえ、生物をいつくしむ。
昭和の日	4月29日	激動の日々を経て、復興を遂げた昭和の時代を顧み、国の将来に思いをいたす。
憲法記念日	5月3日	日本国憲法の施行を記念し、国の成長を期する。
みどりの日	5月4日	自然に親しむとともにその恩恵に感謝し、豊かな心をはぐくむ。
こどもの日	5月5日	こどもの人格を重んじ、こどもの幸福をはかるとともに、母に感謝する。
海の日	7月第3月曜日	海の恩命に感謝するとともに、海洋国に本の繁栄を願う。
山の日	8月11日	山に親しむ機会を得て、山の恩恵に感謝する。
敬老の日	9月第3月曜日	多年にわたり社会につくしてきた老人を敬愛し、長寿を祝う。
秋分の日	9月23日	祖先をうやまい、なくなった人々をしのぶ。
体育の日	10月第2月曜日	スポーツにしたしみ、健康な心身をつちかう。
文化の日	11月3日	自由と平和を愛し、文化をすすめる。
勤労感謝の日	11月23日	勤労をたっとび、生産を祝い、国民たがいに感謝しあう。
天皇誕生日	12月23日	天皇の誕生日を祝う。

（筆者作成）

さまざまな行事が記されている。例えば、七草がゆ、鏡開き、節分、ひな祭り、お彼岸などである。これらの行事は、日本人が長い歴史の中で育んできた日本の民族性や神話などが混じり合ったものである。先人たちの知恵や願いでもあると言える。

　年中行事では、昔からの伝統を学ぶことはもちろんだが、人のこころを大切にすることを保育者も子どもたちと共に学んでほしいと考える。昔から伝えられている智慧に共感するこころ、先祖を大切にするこころ、相手を思いやるこころ、家族に対する愛情あふれるこころ、自然の恵に感謝するこころなど、常に善意ある関心を持ち、年中行事を通して「こころ」を育くむことが真の意味であると考えられる。

（2）伝統文化としての「こころ」

　日本の四季に触れ、季節感を味わうことは日本の「こころ」を育てることにつながる。日本の伝統行事を学ぶことは感受性あふれる幼児期こ

そ、楽しく学ぶことのできる時期である。

　これからの時代を担う子どもたちにとって、伝統文化を継承するということは、日本人として当たり前のように思えるが、小学校、中学校、高校と学年が上がるにつれ、授業数が増え学校生活のなかでも年中行事などが減少しているのが現状である。また、核家族化や娯楽の多様化であったりデジタル化の影響などを受けて行事自体の変容もみられるようになってきた。近年、日本ではハロウィン（収穫祭）が流行している。ハロウィンとは10月31日に行われる古代ケルト人が起源と考えられているお祭りのことであり、もともとは秋の収穫を祝い、悪霊などを追い出す宗教的な意味をもつ行事である。特にアメリカなどでは民間行事として定着はしていて、子どもたちが「Trick or Treat」と唱えながら家を尋ねてお菓子を集めて回る習慣がある。日本でもそれらの習慣を真似するように子どもたちはゲーム感覚で「Trick or Treat」と唱えながら近隣の商店街や身近な範囲で行われている。このようなことから、宗教的な意味合いはほとんどなくなっている。

　時代が変わり、人々の生活様式も変わり、ものの考え方も合理的になる中で日本の伝統的な四季の行事は未だに変わることなく継承されている。「日本人のこころ」を育ててきた年中行事はこれからも是非継承して欲しい。

(3) 伝統継承としての年中行事

　2017年3月告示の「幼稚園教育要領」「保育所保育指針」「幼保連携型認定こども園教育・保育要領」の領域「環境」の改訂のポイントとして、教育内容のおもな改善事項として「伝統や文化に関する教育の充実」において「正月、わらべうたや伝統的な遊びなど我が国や地域社会における様々な文化や伝統に親しむこと」が示されている。また、幼稚園教育要領第2章「環境」では、2内容の（6）日常生活の中で、我が国や地域社会における様々な文化や伝統に親しむ。(12) 幼稚園内外の行事において国旗に親しむ。と述べられている。さらに3の内容の取り扱いでは

(4) 文化や伝統に親しむ際には正月や節句など我が国の伝統的な行事、国歌、唱歌、わらべうたや我が国の伝統的な遊びに親しんだり、異なる文化に触れる活動に親しんだりすることを通じて、社会とのつながりの意識や国際理解の意識の芽生えなどが養われるようにすることと述べている。日本の文化や伝統に親しみ伝統的な行事を理解することで我が国を愛するこころを子どもたちに育んでいきたい。園などで初めて行事に触れる子どもたちが多いことから、できるかぎり保育者は子どもたちに分かりやすく行事の意味や由来などを教示したいものである。

(4) 幼児期の感覚と年中行事

幼児期の発達の基本は、視覚、聴覚、触覚などの感覚の発達である。身の回りの現実を認識してゆく場合、感覚や知覚をもとにして、認識したり想像したり回想したりする自発的な活動を行うものである。美術は感覚の発達と深い関係にあり、色彩、形態、バランス、構成などを正しく知覚することが造形表現の始まりである。乳児期において、知覚は加速的、集中的、集約的に発達するため、触れて見ることで、感覚的能力の発達を促すことが保育の中心となる。幼児は、身近にある小さなものを一生懸命にみつめながら、わずかな形や色の違いを見分ける力を身につけるのである。五感を使って体感することが大切な成長の時期と言える。

幼児期の感受性が豊かに育つ大切な時期に年中行事を楽しく学ぶことが望ましい。保育者としてただ飾りを施すだけでなく行事のことを学び、知ることで、行事に合わせた歌、絵本やパネルシアター、ペープサート等を使い、幼児に理解しやすいように説明することも一つの手段といえる。日本が昔から大切にしているわらべうたなど、行事に合わせて子どもたちと共にうたえるようにしたい。

保育者は行事の由来など子どもたちに分かりやすく説明しなければ何の意味も持たないことになる。園生活の中ではじめて触れる行事はできるだけわかりやすく、説明したいと考える。たとえば七夕の意味を説明もせず、短冊に願いを書かせて、竹に飾りをするだけでは単なる活動だ

けになる。子どもたちには由来や意味を説明し、興味関心を高めながら行事に取り組むことで、楽しみながら学ぶことができる。

2　年間行事

　年間行事は、各園で年間を通して行われる全般的な行事のことをいう。園の行事には園によって異なるが、入園式、遠足、内科検診、避難訓練、運動会、餅つき、誕生会、卒園式など一つ一つに園児たちにとって思い出になり、園生活を送る上で彩りを添え、園児たちを大きく成長させる機会となるのである。そして行事は、園生活に彩りを添えるだけのものではない。子どもたちを大きく成長させ、潤いのある感情を育てるものでもある。子どもたちにとって普段の生活とは異なる経験ができ、力を蓄えて行事に向けて、発表ができる場にもなるであろう。それは子どもたちにとって大きな自信にもつながるのである。

　行事は子どもたちの日常生活において変化や潤いを与えるものとされ、結果が大事ではなく、その行事に至るまでのプロセスが大切なことである。活動を通して学び、子ども同士の交流を深めたりすることで感情が芽生え、喜びへと変わる姿が成長の通過点となるのである。これらのことを踏まえて子どもに無理のない計画を立てなければならない。

園生活と行事

　園において行われる行事には園独自の行事、地域での行事、伝統的な行事、社会的行事などに分類され、毎月のように何かしら行われている。たとえば今月のお誕生会であったり、お話会であったりする。それらに合わせて表現活動をする園もある。行事によって子どもたちの園での生活や遊びが断ち切られたり、保育者の過度の労働につながることになってしまう場合がある。行事は園の都合や保護者のためにするのではなく、子どものことを常に考えながら指導計画を立てなければならない。行事を園生活の中に取り入れるためには、どのようなねらいがあるのか、その行事が子どもにとってどのような変化があり、潤いを持たせるのかを

考慮に入れることが大切である。

第2節　行事における子どもの表現活動

1　表現活動とは

　子どもが表現をするということは、こころの趣くままに自由であり、こころを解放する手段としてなされる行為である。この世に誕生すると同時に産声をあげる行為もまた表現なのである。子どもは成長とともに、喜怒哀楽を顔で表し、手を動かし、声を出し、身体の部分を使い表現するようになってくる。決して大人が束博してはならない。そして生活や遊びの中で様々な表現手段に触れ、獲得することにより表現の幅を広げていくのである。子どもは、生活の中で芸術的な美しさを無意識に見つけ出そうとしている。そしてあたかもそれは、要求しているようにも思われる。子どもを取り巻く環境や、自然の移り変わりも子どものにとって新しい経験を興味深く、好奇心を持って発見の喜びを全身の感覚で受け止めている。水や砂、粘土のような触感覚を刺激する遊びを十分に過ごした子どもは豊かな情緒が養われ、社会性の広がりと共に創造性に満ちた表現活動の発達が見られるであろう。

　しかし、現代社会の生活環境の変化などによって子どもの表現活動にも変化が生じているのも事実である。「遊ばない」子どもが増えているという、現代社会における負の現象は、幼児の遊びを通してこそ解決されることなのである。子どもは、無意識的な存在であり、その行動はすべて善と捉えられている。保育者が手本となり、正しい姿勢を子どもに見せない限り善悪の判断がわからないのである。子どもの生活は大部分が、イメージの中で過ごしており、子どもの遊びは、子どもの生活における表現でもある。子どもの自由な表現、無意識な存在こそがが、本来

の子どもらしい表現のテーマである。

　子どもの表現を最大限に引き出すことは容易なことではない。子どもの表現は他者に「分かってほしい」「見てほしい」「認めてほしい」と思うことや、その反面、全くの無意識のうちに表現をすることもある。

2　表現活動と年間行事

　行事は保育者のためのものではない。保育者が見せようとするものではなく、子どもたちが「見せたい」と思えることが重要なのである。子どもたちと日常生活を送る中で、ある行事について話し合うことも大切な導入の一つになる。行事について理解をするために1冊の絵本を読む。

図表10-2　導入としての絵本

お正月	『あけましておめでとう』中川ひろたか著／童心社
	『おせちいっかのおしょうがつ』わたなべあや絵・作／佼成出版社
	『もうすぐおしょうがつ』西村繁夫絵・作／福音館書店
	『十二支のしんねんかい』みきつみき文 柳原良平画／こぐま社
	『こくまのこのとしこし』髙橋和枝作・絵／講談社
こどもの日	『ワニのぼうのこいのぼり』内田驎太郎作 高畑純絵／文溪堂
	『こいのぼりこびとのおはなし』まついのりこ絵 作／童心社
	『げんきにおよげこいのぼり』今関信子作 福田岩緒絵／教育画劇
	『ころわんとこいのぼり』間所ひさこ作 黒田健画／チャイルド社
七夕	『10ぴきのかえるのたなばたまつり』間所ひさこ作 仲川道子絵／PHP出版
	『たなばたものがたり』舟崎克彦文 二俣英五郎絵／教育画劇
	『たなばたさまきらきら』長野ヒデ子作・文／世界文化社
	『たなばたプールびらき』中川ひろたか文 村上康成絵／童心社
お月見	『まんまるいけのおつきみ』かとうまふみ作・絵／講談社
	『ぽんぽん山の月』あまんきみこ作 渡辺洋二絵／文研出版
	『おつきみうさぎ』中川ひろたか文 村上康成絵／童心社
	『おつきさまこんばんは』林明子作／福音館書店
	『パパおつきさまとって』エリック・カール作・絵／偕成社
ひなまつり	『もりのひなまつり』こいでやすこ作・絵／福音館書店
	『おばあちゃんのひなまつり』計良ふき子作 相野谷由起絵／ひさかたチャイルド
	『おどれ！ひなまつりじま』垣内磯子作 松成真理子絵／フレーベル館
	『わたしのひなまつり』内田驎太朗作 山本孝絵／岩崎書店

(筆者作成)

絵本の中に出てきた登場人物や動物などから行事を創りだすことも一つの手段ではないであろうか(**図表10-2**)。また、うたの詩の中に季節に合ったうたがある。うたを歌うことで季節も感じることができる。活動の指導に関しては幼児がまず行事に対して期待感を持てるようにすることである。子どもが主体的に興味関心を持つよう保育者は配慮しなければならない。また、子どもの言葉一つ一つに注意関心を持ち、子どもが今何を感じ、何を思っているのか受け止めることも重要である。子どもの自主性やひらめきなど創造力を最大限に引き伸すことが大切なのである。保育者として子どもの表現を暖かく見守ることが大切であり、純粋にそして透明な子どものこころを大切にしてほしい。年間行事で子どものこころの中に思い出が残る表現活動を、保育者自身が絶え間ない善意ある関心を向けて関わることで、子どものこころは大きく開花するであろう。

【引用・参考文献】

内閣府・文部科学省・厚生労働省編『平成29年度告示 幼稚園教育要領 保育所保育指針 幼保連携型認定こども園教育・保育要領＜原本＞』チャイルド本社、2017年

谷田貝公昭監修、おかもとみわこ・大沢裕 編著『造形表現』(新・保育内容シリーズ6) 一藝社、2010年

谷田貝公昭監修、おかもとみわこ・石田敏和編著『造形表現』(実践保育内容シリーズ6) 一藝社、2014年

谷田貝公昭監修、深沢さくら文『年中行事のお話55：行事の前に読み聞かせ』チャイルド社、2009年

(おかもとみわこ)

第11章 児童文化と造形表現

第1節 児童文化と児童文化財

　保育の現場では、保育者の教育的な配慮の下に、さまざまな児童文化財が提供される。子どもたちは、それを生活や遊びの中に取り込み、新たな児童文化を生み出していく。
　この章では、保育現場における児童文化とは何かを考えながら、児童文化に関わる教材について造形表現の視点から学んでいきたい。

1 保育の中の「児童文化」

　「児童文化」と言う概念は、日本独自のもので1930年ごろから定着してきたと言われている。この時代は、大人が意識的に、そして一方的に子どもの教育のために良質なものを提供しようとしたものを「児童文化」と呼んでいた。現在の保育における「児童文化」とは何かと考えたとき、1つ目は子どもの活動や遊び。2つ目は子どものための文学、美術、音楽、演劇、放送、遊具、玩具などといった児童文化財。そして、3つ目に子どもたち自身がつくりだした作品などが考えられるのではないだろうか。それらは、子どもの成長に関わる文化そのものを指すといってもよいだろう［小川、2010］。

2 保育の中の「児童文化財」

　子どもの成長に関わるすべてのものが「児童文化」と言うことであるが、

ここでは、その中の一つである「児童文化財」について考えてみたい。

内藤は「児童文化財」を「子どもの健全な心身の発達に深い関わりをもつ有形無形のものや技術、活動などの総称」と言っているが［小川、2010］、具体的に保育の中の「児童文化財」について示してみると**図表11-1**のようになる。

このように保育現場では、子どもの生活や活動を豊かにするためにさまざまな児童文化財が提供されている。子どもたちは、それを享受し、活用しながら自分たちの遊びや活動を発展させて新たな遊びの文化を生み出しているのである。

図表11-1　保育の中の「児童文化財」

環境から働きかける「児童文化財」（玩具・遊具など）	（保育室内）…積み木・ブロック・おままごと道具・人形・電車や車など動くおもちゃ・絵本・紙芝居・その他保育に必要な玩具など。 （園庭）…すべり台・てつぼう・ジャングルジムなどの運動遊具・砂場・その他保育に必要な屋外遊具など。
保育者から働きかける「児童文化財」	おはなし・絵本・紙芝居・ペープサート・パネルシアター・エプロンシアター・人形劇・影絵・表現遊び・伝承遊びなど。
子どもと作り上げる「児童文化財」	ごっこ遊び・劇遊び・造形遊び・その他さまざまな遊びや活動・活動の中で生み出された作品など。

(筆者作成)

第2節　教材としての児童文化財

児童文化財といっても、その種類は豊富で幼児教育の現場で行われていることを第2節で全部とり上げることは難しい。そこで、ここでは保育者が教材として活用するものをいくつか取り上げて、作り方や演じ方、活用の仕方について学んでいきたい。

1　ペープサート

「ペープサート」とは、ペーパー・パペット・シアターがつまってで

きた言葉だといわれている。一般的には紙でできた棒つき人形と理解されている。

(1) ペープサートの活用

ペープサートは主にストーリー性のある「劇遊び」や「ごっこ遊び」に活用されるが、その他、日常生活の流れの中で子どもとのコミュニケーションの手段としても活用されることが多い。また、保育者が設定保育を行う場面では、活動の導入としても活用されている。いずれにしても、ペープサートは主役、わき役と使い分ければ、さまざまな保育の場面で活用できる教材である。

(2) ペープサートのつくり方

ペープサートには、「平面」「半立体」「立体」などさまざまな種類がある。

また、少し工夫をすればさまざまなパーツが動くといった仕掛けを取り入れることもできる。ここでは、基本的な平面のペープサートのさまざまな作り方を紹介しよう。

①どのパターンで作るかを考えよう

・画用紙を2枚同じ形に切って、表と裏に違う動作を作り、貼り合わせるタイプ。※**写真1・2**

・イラストの輪郭を切って貼りあわせ、表と裏を違う表情にするタイプ。※**写真3・4**

・割ピンを使ってパーツを動かせるようにするタイプ。(羽が上下に動かせる)※**写真5・6**

・お話の場面に合わせて仕掛けを入れるタイプ（絵本「ねずみくんのちょっき」より）※**写真7・8**

②製作上のポイントと注意点

★ペープサートは表と裏で違う表情や動作を演

写真1 写真2

写真3 写真4

写真5 写真6

写真7 写真8

筆者提供

出できることが1つの魅力である。製作の時は、この2つの面のバランスに気を付けることが大切である。同じ人物で表情を変えるとき、表と裏の人物の大きさが違うと、イメージまで変わってしまう。また、輪郭を切るパターンのものは、貼り合わせがずれないようにデザインしておく。

★着色は色鉛筆やペンよりも、色画用紙の貼り合わせが最も色鮮やかでコントラストも良い。また、貼り合わせていくので作品の強度も上がるのでお勧めである。

★中に挟む棒はガムテープなどで固定しておくとよい。セロテープは小さな作品のときは良いが、大きい作品のときはガムテープや布テープの方が良い。

(3) 演じ方

①登場人物は、静止の動作と動きの動作のメリハリをしっかりつける。フラフラと不安定な持ち方にならないように気をつける。

②登場人物を動かすときは、動きの進行方向と顔の向きが同じかを確認して動かす。

③一つの場面に複数の登場人物が出ているときは、セリフを言っている人形だけを動かして、見ている人にだれが話しているのかを分かるようにすることがポイントである。

④表裏の表情の違いを使い分けて、登場人物の喜怒哀楽をうまく表現していく。

⑤登場人物の役になりきって、動かしながらセリフを言おう（動かし役とセリフの役を分けても良い）。※**写真9**

写真9

筆者提供

2　人形劇

子どもたちは、人形で遊ぶことが大好きである。人形遊びの人形は「ドール」と「パペット」の2つに分類される。「ドール」は主に飾って楽しむ観賞用の人形を意味する。「パペット」は動かして遊ぶ人形のこ

とで、人形劇の人形などがそうである。ここでは、人形劇に使う人形「パペット」について取り上げる。

(1) パペットの種類

パペットには次のようにさまざまな種類がある。
- ハンドパペット…手にはめて操るパペット
- フィンガーパペット（指人形）…指にはめて操るパペット
- マリオネット…糸で吊るして操る人形
- テーブルパペット…テーブルを舞台にして置いて操るパペット
- ジャンクパペット…廃材を素材にしてつくったパペット
- スティックパペット…棒に付けて操るパペット（ペープサートもこの一種である）

(2) ハンドパペットのつくり方

（1）で示したようにパペットにはさまざまな種類があるが、ここでは、保育者が教材として良く活用するハンドパペットのつくり方について紹介する。

①厚めの画用紙で人さし指の入る筒をつくる。筒の先に新聞紙を丸めて、頭の芯材をつくる。新聞紙は糸などでしばって固定させるとよい。芯材の上から紙ねんどを盛りつけて、目的の形をつくる。乾燥させてから絵の具で着色する。ニス塗装をしたら頭部が完成する。

②頭部と同じように、画用紙で中指、親指の入る筒を2つ作り、筒の上部を紙や紙粘土を使って手の形に加工する。絵の具で着色し、ニスで塗装したら完成。

③布で作った衣装に「頭」と「手」が入る穴を開けて、裏側から頭部と手をボンドで接着する。乾いたら表返して出来上がり。手にはめて操作すると色々な表情が楽しめる。

※**写真10・11・12**「新聞紙で作った紙粘土からできたハ

人形芯

人形頭部

人形胴体

完成

写真10

(2) の写真筆者提供

ンドパペット」

(3) 演じ方

① 子どもたちに人形がよく見える位置を確認してから始める。
② 登場人物になりきって演じる。
③ 言葉や音に合った動きで操る。
④ 登場人物が多く、複数の人で操るときは、相手の動作に合わせながら、人形同士が会話をしているように操る。
⑤ お話を一方的に演じるのではなく、子どもたちの反応を見ながら楽しく演じていく。※写真13

写真11

写真12

写真13

写真11,12,13筆者提供

★新聞紙でつくる紙粘土

教材研究として新聞紙でつくる紙粘土の方法を紹介しよう。
〈材料〉新聞紙・でんぷんのり・たらい・布
① 新聞紙を手で細かくちぎる（1センチぐらいの四角形を目安にする）。
② ちぎった新聞紙をたらいに入れて、ぬるま湯を入れたら手でこねながらかき混ぜる。どろどろになるまでしっかりとかき混ぜよう。
③ 水を切ったら、さらに布に包み水分を絞り出す。
④ 最後にでんぷんのりを少しずつ入れながらこねていく。程よい粘り気が出てきたら出来上がり。

第3節 絵本と表現活動

　絵本は保育の中で最も活用されている児童文化財であろう。保育者は保育のさまざまな場面で絵本を活用しているが、ここでは活動の中で表現活動につながっていく絵本の活用について紹介する。

1 絵本と描画

　保育のような集団の場で、絵本の読み聞かせをしていると子どもたち

は友だちといっしょに物語の世界に入り、その世界を共有していく。保育者はこの絵本の世界を活動の導入に使うことがしばしばある。描画の技法遊びをするときなども、物語の世界で遊びながら経験するほうが楽しく活動できるからである。

(1) 技法遊び（スクラッチ）

絵本「くれよんのくろくん」（童心社、2001）は、スクラッチのプロセスをみごとに物語で表現している。子どもたちは、主人公のくろくんを通してスクラッチでの黒色の使い方を学んでいく。またシャープペンのお兄さんの場面では、削ったときに出てくる色の美しさなどスクラッチの醍醐味のような部分を物語のクライマックスと共に楽しむことができる。この絵本は技法を教えるためのものではないが、物語を通して子どもたちは自然にスクラッチの技法について学び、また実際に造形活動として体験する中で技法の面白さに気づいていくのである。※**写真14**

写真14

筆者提供

(2) 仕掛け絵本

仕掛け絵本の仕組みは、造形遊びの中でもよく活用される。

「やさいさん」（学研、2010）のように見開きの場面は野菜の葉っぱだけが描かれていて、葉っぱに仕掛けられたもう1つの扉を開くと野菜全体が見えるという構成は、子どもたちの創造力をかきたてる。この扉を開いて何かが出てくる仕組みを使って、描画活動を展開すると自由な発想が刺激されて、ユニークな表現が生まれてくる。※**写真15**

写真15

筆者提供

2　絵本と総合表現

ペープサートや人形劇、影絵やオペレッタなどを総合表現として発表するときは、絵本を題材として活用することが多い。絵本は、ほとんどが15見開きで出来ていて、子どもが集中できる場面構成になっている。子どもたちは、まず絵本の絵を楽しみ、次に言葉のおもしろさを感じな

がら物語を理解していく。そのことを意識して、登場人物や背景などさまざまなものを製作するときは、絵本の場面を参考にしてアレンジしていくと、イメージもつながりやすくなる。劇として構成するときは、音楽効果も考えていかなければならない。絵や言葉から受けるイメージで楽器を演奏したり、音源を構成してBGMとして流したりするのも良い。総合表現は児童文化を土台とした表現の学びの集大成である。多くの絵本との出合いは、豊かな表現活動の1歩となるであろう。

写真16

写真17

筆者提供

※**写真16・17**（絵本「もちもちの木」（岩崎書店、1971）を影絵で製作。

【引用・参考文献】

阿部恵『わくわくペープサート―低年齢児から楽しめるあそび・ヒントつき!!』ひかりのくに、2002年

小川清実編著『児童文化』萌文書林、2010年、PP.39

花篤實ほか編著『造形表現 理論・実践編 ～ 実技編』（幼児教育法）三晃書房、1994年

なかやみわ『くれよんのくろくん』（くれよんのくろくんシリーズ）童心社、2001年

tupera tupera『やさいさん』(Petit pooka) 学研マーケティング、2010年

（手良村昭子）

第12章　造形活動と指導計画

第1節　指導計画の基本的な考え方

1 指導計画とは

(1) 指導計画の種類と関係

指導計画とは、入園から卒園までを見通した教育課程等を具体的にしたものであり、保育を行う上で必要な実践計画である。指導計画には、長期の指導計画（年間・期・月）と、それをより具体的にし、子どもの遊びや生活の様子等に即した短期の指導計画（週・日）がある。実践後には保育を振り返り、今後の保育や指導計画の改善へとつなげていく。

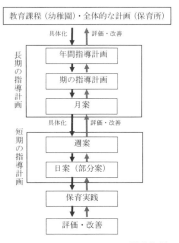

図表12-1：計画の種類と関係

(筆者作成)

(2) 指導計画の意義

指導計画は、計画どおりに保育を進めるためのものではない。実際の保育では、指導計画を念頭に置きつつ、子どもの主体性や発想等を大切にした柔軟な指導が求められる。

「環境を通して行う」乳幼児期の保育では、保育の内容に基づいた適切な環境を意図的・計画的に構成し、その環境に子どもが主体的に関わることで、望ましい発達を促すことを基本としている。保育者は、発達に必要な経験を積み重ねられるように、教育的に価値がある物的・人的環

境等を計画的に構成し、適切に関わる必要がある。そのためには、子ども一人ひとりの実情に応じた指導計画を作成し、保育者の適切な関わりとはなにかを想定しておくことが欠かせないのである。

(3) 造形表現における指導計画

造形表現活動では、子どもの表現を保育者が受けとめるだけでなく、子どもの表現への意欲を引き出し、試行錯誤したり、工夫したりしながら、自分なりに表現する充実感を味わう経験できるような適切な働きかけが必要である。そのためには、指導計画の工夫が必要となる。

図表12-2　造形表現に関わる指導計画作成上の工夫と配慮

■一人ひとりの興味・関心、発達過程に応じた指導の計画を立てる。
　3歳未満児では、受容的な関わりのなかで自信をもって表現する経験を積み重ね、やり遂げる充実感や達成感の蓄積していくことが大切である。
　3歳以上児では、他の子どもの表現に触れ、それを取り入れたり、新しいアイデアを生み出したりする経験ができるようにする。協力したり、共通の目的をもって活動できたりする工夫も必要である。
　活動の連続性や他の領域、行事や季節の変化も踏まえることが大切である。
■表現への興味や意欲を大切にするため、活動の展開に十分に配慮する。
　子どもが心を揺さぶられる経験が表現活動への興味や意欲につながることに留意して、「やってみたい」「おもしろそう」と思えるような環境構成や導入の工夫が大切である。
　活動後においても、達成感や満足感がもてるような援助や、それぞれの作品を大切に扱う配慮が、今後の造形表現への意欲につながる。
■子どもの思いやイメージを表現するために適した素材や用具を整える。
　素材の質感や用具の使いごこちによって、子どもの表現が異なってくることに留意する。素材や用具の教材研究を深め、特徴を摑んでおくことが大切である。
■表現への意欲や表現の幅を広げるために、素材や色を選択できる工夫をする。
　一人ひとりが自分なりの表現ができるように、年齢に応じて素材や色を選択できる工夫をする。物に触れることで、表現へのイメージを膨らませていくケースも想定し、子どもの思いに柔軟に対応できるように準備しておく。
■材料や用具の適切な扱いを指導し、安全に配慮する。
　材料や用具の使い方について、必要に応じて技術的な指導を行い、安全に活動できるように留意する。材料や用具をいつ、どのように渡すのか、使用にあたって子どもに伝えておくべき約束ごとは何かについて考える。

(筆者作成)

(4) 日案・部分案の様式

図表12-3は、日案・部分案の様式例である。園の特色や保育に応じてさまざまな様式があるが、①から⑩の項目を含んでいるものが一般的である。

図表12-3　日案・部分案の様式例

実施日	対象児	実施場所	担当者
①　月 日（ ）	歳児　クラス 男児　名 女児　名		氏名

子どもの姿　②		
ねらい　③	内容	④
準備　⑤		

時間	予想される子どもの姿	環境構成の工夫	保育者の援助と留意点
⑥	⑦	⑧	⑨
評価　⑩			

（筆者作成）

第2節　造形表現における指導計画の作成の基本と方法

1　部分案の各項目の書き方

(1) 子どもの姿の書き方

前週や前日の様子から、子どもの実態を捉えることから始める。①興味や関心、②生活や遊びへの取り組み方の変化、③育ってきていること（5領域）、④つまずいていること、⑤生活の特徴などの視点から、的確に捉える。そのうえで、子どもに経験してほしいこと、期待している育ち等を考え、「ねらい」へとつながる事柄を書くことがポイントである。

図表12-4　子どもの姿の文例と書き方のポイント

子どもの姿
- はさみや糊を使った製作に興味をもち、自ら作ったものを用いた遊びを楽しむ子どもが増えてきている[①]。
- 気の合う友達と一緒に遊ぶ姿が多くなり、保育者を交えながら簡単なルールのある遊びも楽しめるようになってきている[②]。自分の思いをだせるようになったことによりトラブルもあるが、しだいに友達の思いにも気付けるようになってきている[③]。

（筆者作成）

【書き方のポイント】
- 行動のみではなく育ってきていることを書く（下線①②）
- 継続的に見て、変化してきたことを書く（下線①②）
- 子どもを肯定的に捉えたうえで、課題を書く（下線③）

第12章●造形活動と指導計画　　99

(2) ねらいと内容の書き方

　指導計画における「ねらい」とは、保育の目標を達成するための指導の方向性を示したものである。発達過程、各領域のねらいと内容等、指導計画様式内の「子どもの姿」をもとに、子どもに期待する育ちや経験してほしいことを設定する。「内容」とは、「ねらい」を達成するために、保育者が指導し、子どもが具体的に経験することである。

　図表12-5は、図表12-7部分案の一部である。子どもの姿から「ねらい」を設定し、子どもに経験してほしい「内容」をさらに具体化していくことがポイントである。「ねらい」や「内容」を記述する際には、図表12-6の文章の構成①から④が含まれるように意識すると良い。

図表12-5　「ねらい」「内容」の文例と書き方のポイント

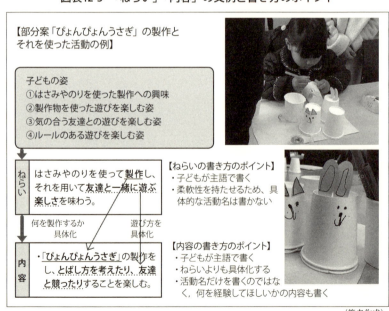

（筆者作成）

図表12-6 「ねらい」や「内容」によく用いられる文章の形式例

文章の構成	文例
①具体的な活動	〜を通して
②誰と	友達と一緒に、保育者や友達と
③活動の内容（経験してほしいこと）	〜することを
④育てたい心情・意欲・態度	楽しむ、気づく、味わう、親しむ、気持ちをもつなど

(筆者作成)

(3) 準備の書き方

準備の欄には、材料や用具、教材の事前準備など、主に物に関わる準備について具体的に書く。詳細は、**図表12-7**を参照するとよい。この欄がない様式の場合には、「環境構成の工夫」欄に記述する。

(4) 予想される子どもの姿の書き方

予想される子どもの姿には、活動の大まかな流れと、子どもの活動内容を具体的に書いていく。あらかじめ、子どもの様子を想定しておくことで、きめ細やかで、臨機応変な対応ができるようにするためである。

(5) 環境構成工夫の書き方

この欄には、ねらいを基に、子どもが主体的に活動し、必要な経験ができるようにするための物的環境の構成について、活動の流れに沿って書く。具体的には、材料や用具などの準備や手順、保育者や子どもの配置図等である。子どもの動線や安全面についても、十分に配慮する。

(6) 保育者の援助と留意点の書き方

活動の展開にあたって保育者が行っている援助を具体的に書く。例えば、内容の説明、見守り、共感、助力、励まし、友達との関わりや協力へとつなげること等がある。文章を作成する際には、保育者の行動だけを書くのではなく、子どもの主体性や意欲、満足感等に配慮した援助の意図と一緒に書くことがポイントである。活動につまずきそうな子どもへの援助を想定するなど、一人ひとりに目を向けた配慮も書く必要がある。

(7) 各年齢に応じた保育の工夫

図表12-7は、4歳児を対象とした「ぴょんぴょんうさぎの製作とそれを使った遊び」の部分案である。「ぴょんぴょんうさぎ」という製作物は同じでも、年齢に応じて製作部分や遊び方を変える工夫が大切である。

①3歳児で実践する場合の工夫

これまでの経験に応じて、はさみの使用や輪ゴムを付ける部分を保育者が行っておく。コーナー保育として計画し、実践してもよい。

②5歳児で実践する場合の工夫

5歳児の場合、「うさぎ」に限らず他の動物や乗り物など、自分なりに作りたいものへのイメージを膨らませ、製作へとつなげていくと良い。活動の展開にあたっては、出来上がった作品の共有、グループ間での競争、友達との協力、より高く飛ばす工夫など、考えたり、試行錯誤したりしながら、友達と一緒に活動できるような指導の計画が求められる。写真は、子ども同士で高さを競うことができるように、壁に目印になるものを貼っている場面である。5歳児では、数字を用いて高さを示すことで、数への関心へとつなげてもよいだろう。

どっちが高く跳んだか比べる姿

(筆者提供)

(8) 造形活動指導案例

図表12-7　部分案「ぴょんぴょんうさぎ」の製作とそれを使った活動

実施日	対象児	実施場所	担当者名
7月〇日（〇）	幼稚園　4歳児　〇〇組 男児13名 女児13名	保育室	〇〇〇〇

子どもの姿
- はさみやのりを使った製作に興味をもち、自ら作ったものを用いた遊びを楽しむ子どもが増えてきている。
- 気の合う友達と一緒に遊ぶ姿が多くなり、保育者を交えながら簡単なルールのある遊びも楽しめるようになってきている。自分の思いを出せるようになったことでトラブルもあるが、しだいに友達の思いにも気付けるようになってきている。

ね ら い	はさみやのりを使って製作し、それを用いて友達と一緒に遊ぶ楽しさを味わう。	内 容	・「ぴょんぴょんうさぎ」の製作をし、とばし方を考えたり、友達と競ったりすることを楽しむ。

準備
- 紙コップ78個（1人3個）。切り込みを入れる部分に、印をつけておく（予備：10個）
- 輪ゴム（1人1本）。輪ゴムの中央に結び目を付けておく（予備：10本）
- 画用紙26枚（1人1枚）。うさぎの耳とのりしろを描いておく（予備5枚）
- 製作見本、のり下紙、お手拭き、セロハンテープ6台、材料配付用のかご6個、名前シール、机
- 子どもが用意するもの：色ペン、はさみ、のり

時間	予想される子どもの姿	環境構成の工夫	保育者の援助と留意点
10：50	〇製作についての話を聞く。 ・製作物「ぴょんぴょんうさぎ」の紙コップシアターをみて、製作に興味をもつ。 ・グループごとに、製作に必要な道具を取りに行く。 ・材料とのり下紙を受け取る。	配付物：一人分 ・紙コップ2個（印なし） ・画用紙1枚 ・輪ゴム1本 ・セロハンテープ ・のり下紙	・お話が始まることを伝え、見える位置に椅子を移動するよう伝える。 ・「ぴょんぴょんうさぎ」を用いて、うさぎがとび方を競う話を演じることで、製作やその後の遊びに興味が持てるようにする。 ・準備が整ったグループから材料等を配り、触らずに待つよう伝える。
11：00	〇「ぴょんぴょんうさぎ」の製作をする。 ・うさぎの耳を切り、紙コップに貼る。 ・うさぎの顔を描く。 ・紙コップの印に、はさみで切り込みを入れる。 ・輪ゴムをかける。	●実習生〇子ども	・大きな紙で師範を見せながら耳の切り方、つけ方を伝え、作り方のイメージが持てるようにする。はさみの持ち方、のりの量についても確認をする。 ・耳ができた子どもから、うさぎの顔を描くよう伝える。早く描けた子どもには、うさぎの洋服なども描くよう伝え、個々の進度に気を配る。

予想される子どもの姿
【書き方のポイント】
① 子どもが主語
② 文章は現在形
③ 文頭に「〇」印をつけ、大まかな活動の流れを書く。
④ 「〇」印の横に時間を書く。
⑤ 文頭に「・」印をつけて、全体の子どもに共通する活動の流れを書く。

環境の構成
【書き方のポイント】
① 材料や用具など、数量を詳細に書く。
② 人や物の配置を図示する。
③ 製作など手順等を図示する。

時刻	子どもの活動	環境構成	保育者の援助
11:20	○「ぴょんぴょんうさぎ」をとばして遊ぶ。 ・製作物をとばして遊ぶ。 ・グループでとんだ高さを競って楽しむ。 ・グループごとにとばし方を発表する。 ・活動を振り返る。	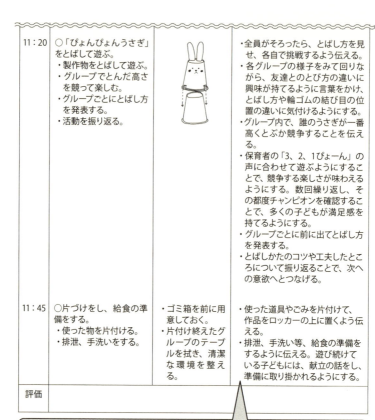	・全員がそろったら、とばし方を見せ、各自で挑戦するよう伝える。 ・各グループの様子をみて回りながら、友達とのとび方の違いに興味が持てるように言葉をかけ、とばし方や輪ゴムの結び目の位置の違いに気付けるようにする。 ・グループ内で、誰のうさぎが一番高くとぶか競争することを伝える。 ・保育者の「3、2、1ぴょーん」の声に合わせて遊ぶようにすることで、競争する楽しさが味わえるようにする。数回繰り返し、その都度チャンピオンを確認することで、多くの子どもが満足感を持てるようにする。 ・グループごとに前に出てとばし方を発表する。 ・とばしかたのコツや工夫したところについて振り返ることで、次への意欲へとつなげる。
11:45	○片づけをし、給食の準備をする。 ・使った物を片付ける。 ・排泄、手洗いをする。	・ゴミ箱を前に用意しておく。 ・片付け終えたグループのテーブルを拭き、清潔な環境を整える。	・使った道具やごみを片付けて、作品をロッカーの上に置くよう伝える。 ・排泄、手洗い等、給食の準備をするように伝える。遊び続けている子どもには、献立の話をし、準備に取り掛かれるようにする。
評価			

【保育者の援助】
【書き方のポイント】
①保育者が主語
②文章は現在形
③保育者の行動だけでなく、子どもの主体性や活動への意欲、満足感等に配慮した保育の意図も一緒に書く。

保育者の行動
(保育者が)〜することで、

保育の意図
(子どもが)○○〜できるようにする

【指導計画によく用いられる文章の形式】

A「(保育者が)〜することで、(子どもが)○○できるようにする」

B「(子どもが)○○できるよう、(保育者が)〜する」

※○○の部分に、保育の意図を書く。
※(子どもが)(保育者が)は、省略して書く。

【文例：形式A】
「ぴょんぴょんうさぎ」を用いて、うさぎがとび方を競う話を演じることで、製作やその後の遊びに興味が持てるようにする。

(筆者作成)

(真宮美奈子)

第13章 障害を持った子どもの表現と保育者の援助

第1節 造形活動とその援助

1 絵画・平面の造形活動において

(1) 造形活動例

低年齢から取り組みやすい造形遊びとして、フィンガーペインティング、スタンピングやローラー遊びなどがある。フィンガーペインティングは紙に指で直接描きダイナミックな表現ができ、細かい作業ではなく伸び伸びと描くことができる。

一方で、絵の具のドロドロとした材料を直接手で触ることに敏感

フィンガーペインティング

筆者提供

な子どもに対しては、用意する画用紙を小さくして手につかないようにするなど、その子どもに合った表現が楽しめるようにすることが必要である。

また、スタンピングではピーマンやレンコンなどの野菜を切った断面図をスタンプ台に押し、野菜の形をスタンプするやり方がある。また、スポンジを丸や四角などいろいろな形に切りスタンプすることもできる。

スタンピングは、連続して形作る面白さと、規則的な美を感じながら表現できる技法である。

しかし、障害を持った子どもの留意点として、通常より大きめのスタンプを準備し、持ちやすいような工夫をする必要がある。また、画用紙も

型紙を使ったステンシル

筆者提供

大きくてスタンプしやすいものを選び、インクもはっきりとした色彩を使うと腕の力が弱い子どもにも簡単にスタンプできるよう配慮することが大切である。

ローラー遊びでは、コロコロ転がる感覚を楽しむことができ、比較的持ちやすいため誰でも美しく仕上げることができる。型紙を使って同じ形を作っていくステンシルの技法を合わせると表現の幅が広がっていく。

こうしたさまざまな技法を使った絵画・平面活動においては、保育者が参考作品例を提示し、視覚的にどのような製作過程にて行われるのかを分かりやすく説明すると、子どもが見通しを立てやすくスムーズに製作に取り組むことができる。出来上がった作品について、保育者は理解しようと努め、そのイメージについて声掛けしていくことが大事である。言葉によらないコミュニケーションをノンバーバルコミュニケーションというが、絵を通して子どもの思いを知ることができるという視点が大事である。

(2) 絵画表現が苦手な子どもについて

絵画表現をすることに時間がかかる場合がある。例えば保育者が「自由に描いていいよ」と言うと描けない子どもがいる。自由という概念が理解しにくいためである。しかし、その子どもが乗り物を好きである場合、保育者が画用紙に線路を描いてあげるなどの支援が必要である。

また、障害を持つ子どもの中には、長時間教室で活動できない子どもがいる。保育者は時間を決めて、「何時までは頑張ろう」など、最初に声掛けをしておくことで子どもは見通しを立てやすくなる。
　このように絵画・平面活動では、子どもの障害の特性によって、材料や指導法を工夫して各々に適した製作方法を保育者が模索し、支援していくと楽しみながら製作活動ができるであろう。

(3) 絵画表現の特徴

　自閉的傾向のある子どもの絵画表現の特徴として、写実的な絵を描くことがある。普通なら省いてしまうような細かな部分を詳細に描き込む子どももいる。また、モチーフを線で区切って多くの線描が見られる場合がある。その他にも、着色する際には色の組み合わせが独特な場合がある。例えば、リンゴは赤であるという固定概念がないため違う色で着色することなどである。
　その他、自閉的傾向のある子どもの特性として健常児よりも茶色と緑色を好む。黄色は色の中でも明度が高く自閉症を持つ子どもにとって刺激が強いため、黄色は苦手であることが研究結果より分かっている。
　ダウン症などの知的障害を持つ子どもはゆっくりとした発達であるため、健常児が2歳児で描き始める頭足人の描画を4、5歳になって表現するようになる。また、幼児期が長いため、なぐり描き期も長いことを知っておく必要がある。

2　粘土・立体の造形活動において

(1) 造形活動例

　幼児教育の中で、粘土作りを楽しめる題材として「小麦粉粘土遊び」がある。障害を持った子どもの中には粘土づくりの過程でモチモチとした感触を楽しんで活動できる子が多い。小麦粉粘土の香りが良いため、感触や嗅覚を刺激しながら活動できる利点がある。知的な障害を持つ子どもや身体的な障害がある子どもに対しても、小麦粉粘土を作る際の工

程を保育者が援助することで、参加することができる。

小麦粉粘土での形作り

筆者提供

小麦粉粘土を蛇のように伸ばして粘土ベラで切る遊びや、お団子作り、たたいたりつぶしたり伸ばしたり、キッチン用の抜き型を使って型を抜く遊びなど、子どものできる範囲で楽しんで活動できる題材である。

(2) 粘土が苦手な子どもについて

幼児教育の中で扱う粘土として、主に油粘土と紙粘土がある。

これらの粘土遊びでは、自閉的傾向がある子どもに対して特に配慮が必要である。自閉的傾向がある子どもは、油粘土や紙粘土の触覚に戸惑い、慣れるのに時間がかかる。スライム作りなど初めての経験にパニックになる子どももいる。そのような子どもに対しては、保育者が粘土でお団子やドーナッツなど興味のわくようなものを実際に作って見せ、粘土に触ってみたいと思わせるような支援が必要である。

また、粘土のべとべと感が少ない材料として発泡粘土がある。匂いが少なくさらさらとした感触であるので、こうしたものについても理解を深めておくことが大切である。

3　知育玩具遊びなどの活動において

(1) 積み木を使った活動

積み木遊びは、触ったり動かしたりと手と目の反応を育てることができ低年齢の子どもに遊ばせるのに適した遊びである。

積み木に慣れないうちは平面的に積み木を置いて絵を描くイメージで表現する。積み木に慣れてくると、保育者が立体的な組み立て方を教え

ていけば,真似て積み木を3段4段と上に積んでいけるようになる。
　ダウン症を持つ子どもは視覚的に真似をするのが得意であるため、積み木に限らず言葉よりも見た方が理解しやすい。毎日の取り組みとして積み木の活動を取り入れることで、手先が上手く使えるようになる。

(2) パズルを使った活動

　パズルは、手先が器用になり集中力を養うことができて達成感が得られ幼児期に習得するべき能力を遊びながら身につけることができる。

　パズルなどの玩具は、いくつか下の年齢の健常児が使用する簡単なものを用意しておくと良い。言葉の遅れが気になる子どもの中には視覚的に情報を処理することが得意とする子どももいるので、2、3歳のころより2ピース、

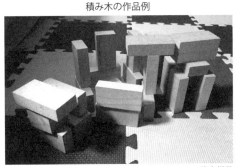

積み木の作品例

筆者提供

3ピースとパズルに取り組ませると良い。
　その他にも、手先の訓練のためにひも通しやブロック遊び、マグネット玩具等その子どもの興味のある遊びを積極的に取り入れて日々のコミュニケーションを取っていきたい。

(3) 音楽を取り入れた活動

　障害を持つ子どもの中には、音楽・リズム遊びがとても好きな子どもがいる。また反対に、音に対して敏感で苦手な子どももいる。音楽が好きな子どもには音楽を流しイメージをわかせ、製作活動をより効果的に進めることができる。また、ヒーリングミュージックなどを流すと心を落ち着けて製作活動に集中して取り組むことができる。
　一方、自閉的傾向の子どもは赤ちゃんの泣き声など高音が苦手な子どもが多い。子どもの中には保育者や友達の声、または屋外の雑音などが

一斉に耳に入ってくる子どもがいるということも配慮し、子どもによって嫌いな音や声などが違うため、その子どもの特性をよく把握することも大切である。

また、音楽を流して活動するときに教室を出てしまう子どももいる。

そのような場合、無理に教室に入れようとするのではなく、時間を見計らって子どもが落ち着いてから声をかけるなど、様子を見守ることが大事である。

聴覚障害を持つ子どもへの援助として、大太鼓を使った実践例がある。大きな太鼓を叩くと振動を体で感じることができるのでリズムを感じる活動に使用するのがよい。このような体験を積極的に取り入れ、個々のニーズに対応して支援できるような環境整備も必要である。

第2節 園生活における保育者の援助

1 表現の自由性と援助

造形活動の時間はとても楽しく、そして、表現は自由なものである。自分で好きな色を選び、自分のイメージを作品にできる。だからこそ、障害を持った子どもに対して、造形活動の時間の中で、保育者は見守ることも大事である。健常児と同じ作品の完成度を求めるのではなく、その子どもの好きな作業が一つでもあれば、その技法・作業を褒めてやり、伸ばしていくことが援助の大事な点である。

数字が苦手な子ども、自分の意思を伝えるのが苦手な子ども、ルールを守れずに友達と上手く遊べない子どもなど、さまざまな特性がある中で、造形活動時は楽しんで表現する子どももいる。それは、美術・造形がルールに縛られない自由な世界であるからだ。造形活動が好きで、大人になってもずっと表現者として生きている人もいる。芸術表現者とし

て活動している日本人の作品を集め、フランスのパリで開催された「アール・ブリュット・ジャポネ」展は有名である。また、昨今では、障害を持った方々が施設に通園しながら美術作品を製作して、カレンダーやTシャツ、工芸品などの商品を生み出している。日本では、エイブル・アート・ジャパンというNPO法人が「社会の芸術化、芸術の社会化」をキーワードにさまざまな形で障害を持った人を支援している。こうしたことからも、障害を持った子どもたちが将来にわたって活動する原点に携われることが保育・教育のやりがいである。

2　保育環境の援助

(1) 教室の環境

発達障害を持つ子どもの中には、色に敏感な子どもがいる。例えば、園の中に保育者が手作りした壁面構成や、園児たちが描いた絵画作品の色が気になってしまう子どもがいる。そうした子どもは、教室の壁が見えるたびに気になり、落ち着かないのである。よって、集中して作業をする活動時には、園の教室の角に高さ100cmほどの壁を作ることで子どもが落ち着いて個人活動できるようにしている例もある。

(2) カードを使った援助

また、注意欠陥多動障害やアスペルガー症候群を持つ子どもに対しては絵カードを使ってさまざまな指示・援助を行っている。椅子に座って作業をする絵カード、順番を守って並ぶ絵カードなど、言葉での伝達が難しい場面でも絵カードを見ることによって落ち着いて行動できるように支援する。一方で、自閉的傾向がある子どもは、文字への執着が強い子どももいる。そのため、絵カード以外にも、文字・文章で行動を促すように言葉カードを使用することで物事を進める見通しが立ち、活動を安心して行うことができる。

近年、多様な障害を持った子どもへの配慮が重要視されている。保育者のみで障害を持った子どもの特性の把握とその支援方法を決定するこ

とは難しい。保護者をはじめ、発達支援センター、療育施設などの関係機関へ相談しながら子どもの教育的ニーズに対応できるよう、環境整備を整え支援方法を模索することが子どもたちの最善の利益につながるのである。そして、幼児教育だけでなく小学校へとつながるような連続的な支援が今後とも重要な課題となるであろう。

【引用・参考文献】

アール・ブリュット・ジャポネ展カタログ編集委員会 編『アール・ブリュット・ジャポネ』現代企画室、2011年

原仁 責任編集『最新子どもの発達障害辞典』合同出版、2014年

若元澄男編『図画工作・美術科重要用語300の基礎知識』（重要用語300の基礎知識9巻）明治図書、2000年

Marine Grandgeorge, Nobuo Masataka, *Atypical Color Preference in Children with Autism Spectrum Disorder* ,Frontiers in Psychology, 2016

（難波章人）

第14章　作品展を進めるために

第 1 節　作品展の種類と目的

1　大人の展覧会と子どもの作品展

(1) 大人の展覧会

　美術館や博物館では、先人の名画や名品が展示されている。また、美術家や作家の作品、愛好家の作品展示をして地域芸術の普及や文化的な活動の発信もされている。現代は、画廊や商店に併設されたギャラリーも増えていてさまざまな作品展を見る機会が増えた。

(2) 子どもの作品展

　幼児の作品展示は園内の造形表現活動の発表会としての意味合いも濃く、楽しい活動やあそびの成果として園の室内外にて催されることが多い。小学校や中学校などの学校では、主催者によるコンクールとして催される作品展もあるが、一般的には学校の図画工作や美術の授業成果として展示される。

会場の説明と案内

（三好ヶ丘聖マーガレット幼稚園提供）

2　作品展の目的

(1) ねらい

　作品展は、子ども自身が他の子どもの表現に触れられる機会である。保育者は、子どもの表現する過程を大切にして、自己表現をさらに楽し

めるように工夫することが必要である。作品展は保育者や保護者である大人が、子どもの成長や発達を比較する会ではなく、作品の上手い下手という評価をする場でもない。子どもが園で楽しく、はつらつと遊び生活することができるように、造形表現が生活の一

コミュニケーションの場でもある作品展会場

（三好ヶ丘聖マーガレット幼稚園提供）

部になって、その楽しい表現活動を家族と共に喜び分かち合う場であり、そういう目的もある。

（2）テーマとの関連

　作品展は、生活発表会として催される「音楽会」「演劇会」などと同様に、各園独自の、もしくはそれぞれのクラスによってテーマや題目を設定する場合が多い。季節をイメージしたり、海や山などの自然環境、または絵本や童話の世界観を表現したりと多様である。例えば、今年度の園のテーマが「うみ」とすれば「音楽会」や「演劇」においても、それに関係する個別テーマをあげて「作品展」においても、海の中の生きものやお話から創作をして、会場を「うみ」として行うような方法もある。

3　作品展の種類

（1）個人作品と共同作品

　一人ひとりが描画する、もしくは製作する作品を個人製作と呼び、その作品を個人作品という。また、みんなで一緒に同一画面に描いたり、または作品どうしをつなげたりして、大きな作品にするような活動を共同製作と呼び、作品を共同作品という。

（2）平面作品と立体作品

　絵画、版画など2次元的な作品を平面作品という。平面作品は基本的

には壁に貼るなどの展示が一般的である。立体作品は、3次元的な作品のことで、机に置いて並べてみる、床に置いてつなげて展示するなどの方法が一般的である。

（3）参加・対話型の作品展示

子どもが描いたり作ったりした作品の展示を見るという形式ではなく、「おみせやさんごっこ」や「ひみつきちごっこ」のように参観者が子どもと一緒になって、その共同作品や個人で作ったものを使って遊ぶことが出来る参加型の展示も増えている。

大型共同作品

（三好ヶ丘聖マーガレット幼稚園提供）

（4）コンクールの発表

主催者によるコンクールであり、各園や個人で応募して、入選や入賞した作品を、主催側の指定した会場にて展示を行う形式である。場合によっては企業の展示場、市民会館や美術館などで行われることもある。

第2節 作品展の準備と方法

1 園内の準備

（1）保育者間の打ち合わせ

作品展は、園内の1クラスだけで行われるものではなく、園全体の行事として開催される。よって、保育者間で連携の取れた構想・準備・開催を進める必要がある。先述した「テーマ」の設定も大切な事項であり、そのテーマに向けて、準備を始めなければならない。各クラスや各学年、

もしくは縦割りにてテーマ設定をするのか、これまでに開催された実績などを踏まえて組み立てられる。もしテーマが年度最初に決定されていれば、4月からの製作は、作品展に向けての活動が出来るということである。

(2) 保護者への協力要請

製作するためには、さまざまな材料が必要になる。例えば、トイレットペーパーの芯やお菓子の箱など、これらの廃材も現職の先生だけでは数百も必要となる材料を集めることは困難である。やはり、各家庭に向けて協力を要請することも仕事である。日頃から、各家庭との連携体制が取れていれば容易になる。

(3) 作品展開催の案内

他の行事と同様であるが、開催日時等の情報を発信して多くの鑑賞者に来場してもらいたいものである。作品展の案内の場合には、保育者が手作りで作成した案内状を配布することがあってもよいのではないだろうか。切って貼った作品を厚い紙にコピー転写して、最後の仕上げで一部の飾りをのり付けするなどであれば、簡単にインビテーションカードが完成する。

2 展示の方法

(1) 掛ける（壁、天井）

紙に描いたり貼ったりした平面の作品は、屋内の壁に貼ったり、作品と作品をつなげて掛けたりして展示する。装飾のように、天井からつるして展示できるような作品であれば、教室の空間に変化が出て面白い。

(2) 置く（床、テーブルなど）

基本的に立体の作品（工作系、粘土など）は壁につるすことはしない。立体は机や床に置いて展示する。例えば、保育者が子どもと一緒に大きな樹木を作り、その枝に、子どもたちが作った鳥を並べたり、その樹木の中に穴を作って、リスなどの小動物、またはミノムシやカブトムシな

どの昆虫をくっつけたりすると展示に幅が出る。

（3）重ねる（つなげる）

新聞紙をまるめて重ねてみたり、天井や壁と壁とをひもなどでつなげてみて、そのひもにつるすなどといった、さまざまな展示の方法がある。

樹木につるす、付ける（柳城幼稚園）

（柳城幼稚園提供）

（4）展示のレイアウト

展示の場所を考慮して、教室内なのか、それともホールか廊下なのかなどの会場の壁面量と空間の広がり等を確認して、どこの壁に何を飾るのかなど、簡単な設計を紙に書いて考えることをする必要がある。頭の中だけで展示を進めると、必ず最後には壁の面積が足りないとか、展示の壁は余っているのに、作品が足りなくなり、会場が空いた感じにもなってしまう。

また、展示会場が屋内ばかりではないこともある。園庭につくられた大型の秘密基地や、陶芸作品の鉢植えに植物が植えられていることもある。何をどのようにして見てもらいたいのか、具体的に保育者間で連携して検討する必要がある。

（5）展示の道具

展示するためには、画びょうを使っても大丈夫な壁かどうか、または作品の作者である子どもの名前を、どこにどのように何を使って見せればよいのかなど、それぞれの専門的な道具も教材として販売されているので参照されたい。画用紙を並べて掲示できる専門道具や作品を上下でつなげてつるすことも可能なクリップもある。また、例えば移動可能な大型の掲示用壁面などはそれだけで

ひみつきち

（三好ヶ丘聖マーガレット幼稚園提供）

第14章●作品展を進めるために　　*117*

も十数万円と高価である。軽量で大型のプラスチックダンボールなどを地域のホームセンターや業者から購入して、作品の裏にセロテープをループ止めにすれば簡単に安全に掲示できる。

3 展示テーマのプレゼンテーション

(1) 案内（インビテーション）の工夫

開催前には、招待状を作成して配布する必要がある。作品展らしく、保育者が自ら製作をして、テーマが理解されやすい案内状であってほしい。パソコンで文章を印刷するだけでも構わないが、保育者の作った製作物に保育者の愛情を感じる子どもや親は少なくない。

(2) 説明の方法（モダンテクニック、造形技法等）

実際の展示では、子どもの作品のみを貼ったり置いたりしているのではない。必ず、今回の展示のテーマやねらい、または作品の製作方法などの解説を付けて丁寧に展示することが大切である。見る人が興味を持ってその解説を読むことで、帰宅後も子どもとの会話がはずむことが容易に想像ができるからである。日頃は、子どもの発話によってしか園での活動の様子が分からない。しかし、展示を通じて作品の作り方を理解したことがきっかけとなって、自宅でも子どもと一緒に造形遊びをする保護者も見られる。

第3節 作品展の実際

1 会場演習の方法と鑑賞者と保護者の関係

(1) 鑑賞者の動線

展示会場のレイアウトを考える際は、入場者がどこから入って、どのような流れで鑑賞するのかも、会場設営する際にはよく検討して展示す

る必要がある。動線が狭くて、人が行き違うことも出来ないようであれば通行の際に作品に体が触ってしまうかもしれない。

(2) 空間構成と色彩

さまざまな展示演出の方法があるが、物理的な構成ばかりではなく、展示会場全体の色彩についても考えて欲しいものである。例えば、テーマが「うみ」であるのに、赤やオレンジなどの暖色系の装飾を多用すると、イメージとはかけ離れているとしか思えないからである。

(3) 鑑賞者と保育者の関係

作品展の当日は、保育者は子どもの家族を迎え入れて、挨拶や作品説明、作品のみならず子どもの園での生活の報告や、家庭での生活の様子を聞くなどの情報のやりとりが行われる。さまざまな立場の人たちが大勢集まる場であり、大切なコミュニケーションの場となる。ここでは、子どもの作品に絡めて他者との比較や発達の遅れなどの心配事などの相談会にしてしまわないよう保育者の力量が問われる。作品だけでは見えないそれぞれの子どもが、どのような姿で喜びを持って製作できたのか表現の課程などを保護者へ伝えて欲しい。展示会場の作品に「製作テーマ」や「製作風景の写真」なども併せて掲示すると、保護者は自分の子どもが描いている姿の写真を見て心から喜びと安心を感じる。そういった心のある演出が必要であり、鑑賞者の目になって作品展示を心掛けることが大切である。

2 作品展を振り返って

(1) 今後の造形表現の製作に向けて

子どもは楽しく造形表現を行う時間が好きであり、後になって作品に対してあれこれ言われても、それほどのこだわりはないのである。どのような楽しい活動ができるのか、展示当日に起こったさまざまな事柄を保育者間で報告し合い、連携を深めて次の楽しい造形活動を考えて欲しい。

(2) 作品の持ち帰り

お店屋さんごっこの演出

（三好ヶ丘聖マーガレット幼稚園提供）

　作品展に展示した作品のうち、共同製作などの大型ダンボール作品等は持ち帰ることが出来ない。何を持ち帰るのか取捨選択が必要である。平面作品は思い出の作品ファイルにとじ、立体作品を持ち帰る紙袋を持参してもらい、子どもが自分で持てない場合は保護者に預ける。また、写真データとして学年末に各家庭に配付することも最近では行われている。

【引用・参考文献】
　井上初代・小林研介編著『作品展—新時代の保育の設計を提案する』（子どもの確かな成長をはぐくむ幼稚園の行事4）明治図書、2001年
　花篤實監修、永守基樹・清原知二編『幼児造形教育の基礎知識』建帛社、1999年
　福田隆眞・福本謹一・茂木一司編著『美術科教育の基礎知識』建帛社、2010年

（松下明生）

第15章 幼児期における造形活動と小学校教科との関連性

第1節 「造形」と小学校教科の関係や系統性

　小学校に入学すると、各教科の学習の時間がカリキュラムに沿って時間割上確保されている。国語、社会、算数、理科、生活、音楽、図画工作、家庭、体育、道徳、外国語（英語）、総合的な学習、特別活動が、学校教育法施行規則に定められ、各学年に必要な時間数が示されている。

　幼・保育所等における「造形」の活動や表現は、小学校教育の中でどのようにつながり、発展していくのだろうか。その系統性や関連性を考えるとともに、事例を踏まえて小学校教育を見据えて幼・保の教育現場でより大切にしてきたいことを再度確認する。

1 小学校の「図画工作科」等との関連性

　小学校の教科には図画工作科がある。学校教育の中で誰もが経験をしている図画工作科について、確認したい。図画工作科での学びは、教科内で完結するのではなく、他の教科にも関連やつながりがある。図画工作科といえば、絵を描いたり、物を作ったりすることにとかく目がいきがちだが、それが目的でないことは学習指導要領「生きる力」第2章第7節を見ても明瞭である。

　図画工作科は「表現及び鑑賞の活動を通して、感性を働かせながら、つくりだす喜びを味わうようにするとともに、造形的な創造活動の基礎的な能力を培い、豊かな情操を養う」ことを目標としている。

図画工作科の授業で培った、発想や工夫、表現と鑑賞の力は各教科にもつながり、関係する。例えば、理科の観察等で対象をスケッチし記録すること、生活科で集めた落ち葉や枝を活用した製作、家庭科でポシェット製作時の布の選択や配色とデザイン、算数で図形問題を考える際の発想、国語での文章からのイメージ化や色の喚起等である。また、総合的な学習や特別活動では、図工的な発想や能力がさまざまな場で発揮されていることをよく目にする。運動会の応援グッズや文化活動での掲示物、地域交流での招待状等である。子どもたちは、小学校の中で図画工作科という授業以外でも、絵を描いたり、物を作ったり、イメージしたり、手を動かして考えたりすることが、実は多いのである。
　小学校の図画工作科に結びつく、幼稚園、保育所等における造形の活動や表現の経験は、小学校において以上のようにさまざまな教科や活動にも結びついていくことに改めて留意したい。
　文科省は「幼児期の終わりまでに育ってほしい姿」として「学びに向かう力」の一つに「豊かな感性と表現」を挙げている。「生活の中で」「美しいものや心を動かす出来事に触れ、思いを膨らませ、さまざまな表現を楽しみ、感じたり考えたりする」「感じたことや考えたことなどを思いのままにかいたり、つくったりして表現する」「創造的な活動を生み出していくようになる」と具体的に示している（資料3、6「幼児期の終わりまでに育ってほしい幼児の具体的な姿：文部科学省）。造形活動を行う際、以上を意識して子どもの活動を積み重ねることが、小学校の図画工作科の目標やさまざまな教科や活動へとつながっていくのである。

2　事例（スタンピング技法）からみる系統性

　幼・保の教育環境で培い、育んだ力は、どのように小学校での学びにつながり、発達の過程（学年）に応じて学びが深まっているのであろうか。スタンピング技法を事例にし、以下に述べる。

写真1　年長児のスタンプ遊び

（筆者提供）

写真2　葉によるスタンピング

（筆者提供）

(1) スタンピングについて

　スタンピングは絵の具技法の一つで、絵の具等をつけて押しつけるスタンプ遊びとしてよく知られる。「いろいろな素材に親しみ、工夫して遊ぶ」（幼稚園教育要領表現2内容）を踏まえ、スポンジの柔らかい感触を楽しむとともに、混色のおもしろさも体験させた。材料や絵の具への興味・関心を高め、製作意欲を持たせることができた（**写真1**）。小学校図画工作科の「つくりだす喜びを味わうとともに、感性を育み、楽しく豊かな生活を創造しようとする態度を養い、豊かな情操を培う（学習指導要領図画工作科目標（3））」にもつながっている。

　次に、小学校現場での実践から考えていく。

(2) 小学校の実践事例

　スタンピング技法の小学校での活用事例を紹介したい。

①　2年の生活科でグランドの落葉を集めた後で、図工の授業でスタンピングを行った（**写真2**）。試した後で各自色画用紙を選び、スタンピングで小さな掲示物を製作した。葉につける絵の具の量や押しつけ方で絵の具のつく跡に違いがあることに気づかせ、工夫させた。何枚も試みる姿が見られ、自ら工夫し、試行錯誤する姿がみられた。これは「造形遊びをする活動を通して、身近な自然物や人工の材料の形や色などを基に造形的な活動を思い付くこと」というねらいに基づいている（学習指導要領第7節第2各学年の目標及び内容（第1学年及び第2学年）2内容A表現ア）。

写真3 ペットボトルキャップによる

（筆者提供））

図4 ワインコルクによる
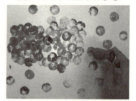
（筆者提供））

写真5 車輪に絵の具をつける

（筆者提供））

写真6 ヘアブラシの活用

（筆者提供））

写真7 スポンジの活用

（筆者提供））

写真8 紙コップの活用

（筆者提供））

写真9 スポンジによる着彩

（筆者提供））

写真10 綿によるワニの表現

（筆者提供））

② 4年生でスタンピング技法を行った（**写真3〜8**）。技法を試し、身近な物を活用できないか考えさせ、各自持参した用具で製作させた。想定しなかったミニカーやヘアブラシ等で各自の発想や工夫する姿もみられた。この活動は、「造形遊びをする活動を通して、材料や用具を適

切に扱うとともに、前学年までの材料や用具についての経験を生かし」「手や体全体を十分に働かせ、活動を工夫してつくること」というねらいに基づいている（学習指導要領第7節第2各学年の目標及び内容（第3学年及び第4学年）2内容A表現（2）2ア）。また、3年生の絵画製作に活用した（**写真9、10**）。本を読み、自分のイメージで絵を描く際、さまざまな用具で試してから、綿でワニの質感をスタンピングで表現した。これは、「絵」「に表す活動を通して」「表したいことを見付けることや、表したいことや用途などを考え、形や色、材料などを生かしながら、どのように表すかについて考えること」というねらいに基づいている（学習指導要領第7節第2各学年の目標及び内容（第3学年及び第4学年）2内容A表現（1）イ）。

　③　5年生で型紙やシールによる活用をした（**写真11**）。読書感想画製作で、自分のイメージを表現するために型紙を活用し、熊や星空の表現をした。自分なりの表現に対するこだわりがみられた（**写真12**）。以上の事例は、「絵や立体、工作に表す活動を通して、表現方法に応じて材料や用具を活用するとともに、前学年までの材料や用具などについての経験や技能を総合的に生かしたり、表現に適した方法などを組み合わせたりするなどして、表したいことに合わせて表し方を工夫して表すこと」というねらいに基づいている（学習指導要領第7節第2各学年の目標及び内容（第3学年及び第4学年）2内容A表現（1）イ）。

写真11　シールによるスタンピング
（筆者提供）

写真12　5年読書感想画
（筆者提供）

(3) 発達の段階による学びの違いと関連性

　以上の事例から、同じスタンピングという技法でも、発達の段階や学年に応じた目標によって、子どもの活動や表現に違いがあることが分かる。小学生の作品だけ見ると、確かに幼児にはない工夫や表現が目につく。しかし、幼保の教育現場にあって大切なことは、そういった技術面に意識を向けるのではなく、将来的にいろいろな能力を発揮するであろう子どもの造形の基礎・基本をしっかりと身につけさせていくことである。水泳で最初に水を怖れてしまうと、その後の指導がなかなかうまくいかない。造形の表現や活動でも同じである。手でスタンプしてみたり、足でスタンプして絵の具で遊ぶ楽しさを十分に実感したことがあるかどうか、色を混ぜるおもしろさに気づいたことがあるか、絵の具をつけて押しつける力の加減でつく跡の違いをみつけたことがあるか、友達の活動や表現のよさに気づいたことがあるか、その中で自分で頑張ったことや工夫したことを自分で実感できたか、どの経験も必要なことである。子どもの経験の積み重ねによって、より幅広い技法や個性的な表現につながる。小学生でも自分なりの工夫や自分なりの表現を見いだせるかどうかは、試しや遊びの活動の中から生まれることは多い。主体的に子どもが取り組むためにも、まず造形に対する意欲や興味関心を高めることに留意したい。どの学年の子どもにも共通することは、表現の楽しさに浸らせ、十分に試みさせることである。例え手が汚れても、自分で工夫することの楽しさを味わうことや工夫を重ねるおもしろさを実感することを幼・保の教育現場でも、小学校現場でも子どもに経験させることが大切である。自分なりの工夫や自分なりの表現の獲得に至るには、楽しく試行錯誤をする場の設定が必要である。また、お互いの表現を見合い、認め合う場の設定も鑑賞教育の基本として幼い時期からぜひ経験させたい。

3 幼小連携活動からみえてくるもの〜事例から

　学校教育法改正により（平成19年改正）、幼・小接続や幼・小の連携がより意識されるようになった。幼稚園園児や保育園児と小学1年生の合同造形活動の実践を継続して行ってきた。校舎見学やお店屋さんごっこ遊びなどの行事的な連携ではなく、あえて図画工作、造形の活動の中で小グループによる合同造形活動を行ってきた（**写真13,14**）。

　幼児と小学生が5〜8人の小グループとなり、1つのテーマで協力し、短時間で新聞紙等を活用して大きな形を作る活動を行った。初めて出会う異学年でも、相談し協力して熱心に取り組む姿があった。後片づけまで協力して行い、子どものよさや気遣いが随所にみられた。個性的な形がグループごとにでき、達成感や異学年と協力できた喜びに満ちた活動となった。幼児ならではの発想を小学生が支え、幼児が形の周辺に折り紙で製作した虫を置くと小学生が新聞紙で大きなカブト虫を作る等、お互いが刺激し合う場も見受けられた。材料の活用等、共同ならではの発想もあった。幼児には、幼児ならではの世界が確固としてあり、それを核として小学生へと育っていくのである。異学年の合同造形活動から指導者が学ぶことも少なくない。

写真13　新聞紙による花
（筆者提供）

写真14 新聞紙とカラービニール袋による魚
（筆者提供）

4 現場のアンケート調査から

　保育士対象に「幼保の教育現場で、何をしっかりと指導していけば、

小学校の図画工作科でさらによく学べると考えるか」についてアンケート調査し、以下回答があった。(2017.9 千葉市11名回答)

　・紙遊び（ちぎり紙、はさみ）・絵の具（指遊び）、クレヨン、絵を描く道具にたくさん触れる・粘土遊び・折り紙・はさみを使ったもの・いろいろな道具や材料を使い好きなものを作る・自由な想像力をいかせる製作・指先を使う遊び。

　また、小学校教諭対象に「幼保の教育現場の造形においてもっと積極的に行ってほしいこと」についてアンケート調査し、以下回答があった。(2017.9、10市川市3校、1部会回答計44名)

　・油粘土、ねじる、輪積み等の基礎・基本・折り紙・筆で自由に遊ばせる・クレヨンで自由に絵を描く・指先をつかう・指でのりをつける、こよりを作る・泥遊びや色水遊び等、感覚的な遊びの積み重ね・砂場遊び・見立て遊び。

　子どもの造形活動に対する思いは同じである。子どもの活動の指導や支援の際、用具や材料との出合い、見立て遊び等、の想像力を膨らませること、指先の活用等や五感を大切にした活動を意識して継続的に経験させたい。「造形が楽しかった」「自分の思いがたくさん表現できた」等、幼児期の大切な経験が、小学校の図画工作科への意欲や興味・関心につながっていくのである。

【引用・参考文献】

　文部科学省『学習指導要領』〈http://www.mext.go.jp/a_menu/shotou/new-cs/1383986.htm〉

（森高光広）

付録（関連資料）

◎幼稚園教育要領(平成29年 文部科学省 告示) —— 抜粋

第2章　ねらい及び内容
健　康
人間関係
環　境
言　葉
表　現

◎保育所保育指針(平成29年 厚生労働省 告示) —— 抜粋

第2章　保育の内容

1　乳児保育に関わるねらい及び内容
　(1) 基本的事項
　(2) ねらい及び内容
　(3) 保育の実施に関わる配慮事項

2　1歳以上3歳未満児の保育に関わるねらい及び内容
　(1) 基本的事項
　(2) ねらい及び内容
　　ア　健康
　　イ　人間関係
　　ウ　環境
　　エ　言葉
　　オ　表現
　(3) 保育の実施に関わる配慮事項

〔注〕「保育所保育指針」第2章所収の＜3 3歳以上の保育に関わるねらい及び内容＞については、「幼稚園教育要領」第2章とほぼ同様の内容なので、掲載していない。上記「要領」第2章を参照されたい。

◎幼稚園教育要領 —— 抜粋
（平成29年　文部科学省　告示）

第2章　ねらい及び内容

健康
〔健康な心と体を育て、自ら健康で安全な生活をつくり出す力を養う。〕

1　ねらい
(1) 明るく伸び伸びと行動し、充実感を味わう。
(2) 自分の体を十分に動かし、進んで運動しようとする。
(3) 健康、安全な生活に必要な習慣や態度を身に付け、見通しをもって行動する。

2　内容
(1) 先生や友達と触れ合い、安定感をもって行動する。
(2) いろいろな遊びの中で十分に体を動かす。
(3) 進んで戸外で遊ぶ。
(4) 様々な活動に親しみ、楽しんで取り組む。
(5) 先生や友達と食べることを楽しみ、食べ物への興味や関心をもつ。
(6) 健康な生活のリズムを身に付ける。
(7) 身の回りを清潔にし、衣服の着脱、食事、排泄などの生活に必要な活動を自分でする。
(8) 幼稚園における生活の仕方を知り、自分たちで生活の場を整えながら見通しをもって行動する。
(9) 自分の健康に関心をもち、病気の予防などに必要な活動を進んで行う。
(10) 危険な場所、危険な遊び方、災害時などの行動の仕方が分かり、安全に気を付けて行動する。

3　内容の取扱い
上記の取扱いに当たっては、次の事項に留意する必要がある。
(1) 心と体の健康は、相互に密接な関連があるものであることを踏まえ、幼児が教師や他の幼児との温かい触れ合いの中で自己の存在感や充実感を味わうことなどを基盤として、しなやかな心と体の発達を促すこと。特に、十分に体を動かす気持ちよさを体験し、自ら体を動かそうとする意欲が育つようにすること。
(2) 様々な遊びの中で、幼児が興味や関心、能力に応じて全身を使って活動することにより、体を動かす楽しさを味わい、自分の体を大切にしようとする気持ちが育つようにすること。その際、多様な動きを経験する中で、体の動きを調整するようにすること。
(3) 自然の中で伸び伸びと体を動かして遊ぶことにより、体の諸機能の発達が促されることに留意し、幼児の興味や関心が戸外にも向くようにすること。その際、幼児の動線に配慮した園庭や遊具の配置などを工夫すること。
(4) 健康な心と体を育てるためには食育を通じた望ましい食習慣の形成が大切であることを踏まえ、幼児の食生活の実情に配慮し、和やかな雰囲気の中で教師や他の幼児と食べる喜びや楽しさを味わったり、様々な食べ物への興味や関心をもったりするなどし、食の大切さに気付き、進んで食べようとする気持ちが育つようにすること。
(5) 基本的な生活習慣の形成に当たっては、家庭での生活経験に配慮し、幼児の自立心を育て、幼児が他の幼児と関わりながら主体的な活動を展開する中で、生活に必要な習慣を身に付け、次第に見通しをもって行動できるようにすること。

(6) 安全に関する指導に当たっては、情緒の安定を図り、遊びを通して安全についての構えを身に付け、危険な場所や事物などが分かり、安全についての理解を深めるようにすること。また、交通安全の習慣を身に付けるようにするとともに、避難訓練などを通して、災害などの緊急時に適切な行動がとれるようにすること。

人間関係

〔他の人々と親しみ、支え合って生活するために、自立心を育て、人と関わる力を養う。〕

1 ねらい

(1) 幼稚園生活を楽しみ、自分の力で行動することの充実感を味わう。
(2) 身近な人と親しみ、関わりを深め、工夫したり、協力したりして一緒に活動する楽しさを味わい、愛情や信頼感をもつ。
(3) 社会生活における望ましい習慣や態度を身に付ける。

2 内容

(1) 先生や友達と共に過ごすことの喜びを味わう。
(2) 自分で考え、自分で行動する。
(3) 自分でできることは自分でする。
(4) いろいろな遊びを楽しみながら物事をやり遂げようとする気持ちをもつ。
(5) 友達と積極的に関わりながら喜びや悲しみを共感し合う。
(6) 自分の思ったことを相手に伝え、相手の思っていることに気付く。
(7) 友達のよさに気付き、一緒に活動する楽しさを味わう。
(8) 友達と楽しく活動する中で、共通の目的を見いだし、工夫したり、協力したりなどする。
(9) よいことや悪いことがあることに気付き、考えながら行動する。
(10) 友達との関わりを深め、思いやりをもつ。
(11) 友達と楽しく生活する中できまりの大切さに気付き、守ろうとする。
(12) 共同の遊具や用具を大切にし、皆で使う。
(13) 高齢者をはじめ地域の人々などの自分の生活に関係の深いいろいろな人に親しみをもつ。

3 内容の取扱い

上記の取扱いに当たっては、次の事項に留意する必要がある。

(1) 教師との信頼関係に支えられて自分自身の生活を確立していくことが人と関わる基盤となることを考慮し、幼児が自ら周囲に働き掛けることにより多様な感情を体験し、試行錯誤しながら諦めずにやり遂げることの達成感や、前向きな見通しをもって自分の力で行うことの充実感を味わうことができるよう、幼児の行動を見守りながら適切な援助を行うようにすること。
(2) 一人一人を生かした集団を形成しながら人と関わる力を育てていくようにすること。その際、集団の生活の中で、幼児が自己を発揮し、教師や他の幼児に認められる体験をし、自分のよさや特徴に気付き、自信をもって行動できるようにすること。
(3) 幼児が互いに関わりを深め、協同して遊ぶようになるため、自ら行動する力を育てるようにするとともに、他の幼児と試行錯誤しながら活動を展開する楽しさや共通の目的が実現する喜びを味わうことができるようにすること。
(4) 道徳性の芽生えを培うに当たっては、基本的な生活習慣の形成を図るとともに、幼児が他の幼児との関わりの中で他人の存在に気付き、相手を尊重する気持ちをもって行動できるようにし、また、自然

や身近な動植物に親しむことなどを通して豊かな心情が育つようにすること。特に、人に対する信頼感や思いやりの気持ちは、葛藤やつまずきをも体験し、それらを乗り越えることにより次第に芽生えてくることに配慮すること。
(5) 集団の生活を通して、幼児が人との関わりを深め、規範意識の芽生えが培われることを考慮し、幼児が教師との信頼関係に支えられて自己を発揮する中で、互いに思いを主張し、折り合いを付ける体験をし、きまりの必要性などに気付き、自分の気持ちを調整する力が育つようにすること。
(6) 高齢者をはじめ地域の人々などの自分の生活に関係の深いいろいろな人と触れ合い、自分の感情や意志を表現しながら共に楽しみ、共感し合う体験を通して、これらの人々などに親しみをもち、人と関わることの楽しさや人の役に立つ喜びを味わうことができるようにすること。また、生活を通して親や祖父母などの家族の愛情に気付き、家族を大切にしようとする気持ちが育つようにすること。

環境
〔周囲の様々な環境に好奇心や探究心をもって関わり、それらを生活に取り入れていこうとする力を養う。〕

1 ねらい
(1) 身近な環境に親しみ、自然と触れ合う中で様々な事象に興味や関心をもつ。
(2) 身近な環境に自分から関わり、発見を楽しんだり、考えたりし、それを生活に取り入れようとする。
(3) 身近な事象を見たり、考えたり、扱ったりする中で、物の性質や数量、文字などに対する感覚を豊かにする。

2 内容
(1) 自然に触れて生活し、その大きさ、美しさ、不思議さなどに気付く。
(2) 生活の中で、様々な物に触れ、その性質や仕組みに興味や関心をもつ。
(3) 季節により自然や人間の生活に変化のあることに気付く。
(4) 自然などの身近な事象に関心をもち、取り入れて遊ぶ。
(5) 身近な動植物に親しみをもって接し、生命の尊さに気付き、いたわったり、大切にしたりする。
(6) 日常生活の中で、我が国や地域社会における様々な文化や伝統に親しむ。
(7) 身近な物を大切にする。
(8) 身近な物や遊具に興味をもって関わり、自分なりに比べたり、関連付けたりしながら考えたり、試したりして工夫して遊ぶ。
(9) 日常生活の中で数量や図形などに関心をもつ。
(10) 日常生活の中で簡単な標識や文字などに関心をもつ。
(11) 生活に関係の深い情報や施設などに興味や関心をもつ。
(12) 幼稚園内外の行事において国旗に親しむ。

3 内容の取扱い
上記の取扱いに当たっては、次の事項に留意する必要がある。
(1) 幼児が、遊びの中で周囲の環境と関わり、次第に周囲の世界に好奇心を抱き、その意味や操作の仕方に関心をもち、物事の法則性に気付き、自分なりに考えることができるようになる過程を大切にすること。また、他の幼児の考えなどに触れて新しい考えを生み出す喜びや楽しさを味わい、自分の考えをよりよいものにしようとする気持ちが育つようにすること。

(2) 幼児期において自然のもつ意味は大きく、自然の大きさ、美しさ、不思議さなどに直接触れる体験を通して、幼児の心が安らぎ、豊かな感情、好奇心、思考力、表現力の基礎が培われることを踏まえ、幼児が自然との関わりを深めることができるよう工夫すること。
(3) 身近な事象や動植物に対する感動を伝え合い、共感し合うことなどを通して自分から関わろうとする意欲を育てるとともに、様々な関わり方を通してそれらに対する親しみや畏敬の念、生命を大切にする気持ち、公共心、探究心などが養われるようにすること。
(4) 文化や伝統に親しむ際には、正月や節句など我が国の伝統的な行事、国歌、唱歌、わらべうたや我が国の伝統的な遊びに親しんだり、異なる文化に触れる活動に親しんだりすることを通じて、社会とのつながりの意識や国際理解の意識の芽生えなどが養われるようにすること。
(5) 数量や文字などに関しては、日常生活の中で幼児自身の必要感に基づく体験を大切にし、数量や文字などに関する興味や関心、感覚が養われるようにすること。

言葉

〔経験したことや考えたことなどを自分なりの言葉で表現し、相手の話す言葉を聞こうとする意欲や態度を育て、言葉に対する感覚や言葉で表現する力を養う。〕

1 ねらい
(1) 自分の気持ちを言葉で表現する楽しさを味わう。
(2) 人の言葉や話などをよく聞き、自分の経験したことや考えたことを話し、伝え合う喜びを味わう。
(3) 日常生活に必要な言葉が分かるようになるとともに、絵本や物語などに親しみ、言葉に対する感覚を豊かにし、先生や友達と心を通わせる。

2 内容
(1) 先生や友達の言葉や話に興味や関心をもち、親しみをもって聞いたり、話したりする。
(2) したり、見たり、聞いたり、感じたり、考えたりなどしたことを自分なりに言葉で表現する。
(3) したいこと、してほしいことを言葉で表現したり、分からないことを尋ねたりする。
(4) 人の話を注意して聞き、相手に分かるように話す。
(5) 生活の中で必要な言葉が分かり、使う。
(6) 親しみをもって日常の挨拶をする。
(7) 生活の中で言葉の楽しさや美しさに気付く。
(8) いろいろな体験を通じてイメージや言葉を豊かにする。
(9) 絵本や物語などに親しみ、興味をもって聞き、想像をする楽しさを味わう。
(10) 日常生活の中で、文字などで伝える楽しさを味わう。

3 内容の取扱い

上記の取扱いに当たっては、次の事項に留意する必要がある。
(1) 言葉は、身近な人に親しみをもって接し、自分の感情や意志などを伝え、それに相手が応答し、その言葉を聞くことを通して次第に獲得されていくものであることを考慮して、幼児が教師や他の幼児と関わることにより心を動かされるような体験をし、言葉を交わす喜びを味わえるようにすること。
(2) 幼児が自分の思いを言葉で伝えるとともに、教師や他の幼児などの話を興味をもって注意して聞くことを通して次第に話を理解するようになっていき、言葉に

(3) 絵本や物語などで、その内容と自分の経験とを結び付けたり、想像を巡らせたりするなど、楽しみを十分に味わうことによって、次第に豊かなイメージをもち、言葉に対する感覚が養われるようにすること。
(4) 幼児が生活の中で、言葉の響きやリズム、新しい言葉や表現などに触れ、これらを使う楽しさを味わえるようにすること。その際、絵本や物語に親しんだり、言葉遊びなどをしたりすることを通して、言葉が豊かになるようにすること。
(5) 幼児が日常生活の中で、文字などを使いながら思ったことや考えたことを伝える喜びや楽しさを味わい、文字に対する興味や関心をもつようにすること。

表現

〔感じたことや考えたことを自分なりに表現することを通して、豊かな感性や表現する力を養い、創造性を豊かにする。〕

1 ねらい

(1) いろいろなものの美しさなどに対する豊かな感性をもつ。
(2) 感じたことや考えたことを自分なりに表現して楽しむ。
(3) 生活の中でイメージを豊かにし、様々な表現を楽しむ。

2 内容

(1) 生活の中で様々な音、形、色、手触り、動きなどに気付いたり、感じたりするなどして楽しむ。
(2) 生活の中で美しいものや心を動かす出来事に触れ、イメージを豊かにする。
(3) 様々な出来事の中で、感動したことを伝え合う楽しさを味わう。
(4) 感じたこと、考えたことなどを音や動きなどで表現したり、自由にかいたり、つくったりなどする。
(5) いろいろな素材に親しみ、工夫して遊ぶ。
(6) 音楽に親しみ、歌を歌ったり、簡単なリズム楽器を使ったりなどする楽しさを味わう。
(7) かいたり、つくったりすることを楽しみ、遊びに使ったり、飾ったりなどする。
(8) 自分のイメージを動きや言葉などで表現したり、演じて遊んだりするなどの楽しさを味わう。

3 内容の取扱い

上記の取扱いに当たっては、次の事項に留意する必要がある。

(1) 豊かな感性は、身近な環境と十分に関わる中で美しいもの、優れたもの、心を動かす出来事などに出会い、そこから得た感動を他の幼児や教師と共有し、様々に表現することなどを通して養われるようにすること。その際、風の音や雨の音、身近にある草や花の形や色など自然の中にある音、形、色などに気付くようにすること。
(2) 幼児の自己表現は素朴な形で行われることが多いので、教師はそのような表現を受容し、幼児自身の表現しようとする意欲を受け止めて、幼児が生活の中で幼児らしい様々な表現を楽しむことができるようにすること。
(3) 生活経験や発達に応じ、自ら様々な表現を楽しみ、表現する意欲を十分に発揮させることができるように、遊具や用具などを整えたり、様々な素材や表現の仕方に親しんだり、他の幼児の表現に触れられるよう配慮したりし、表現する過程を大切にして自己表現を楽しめるように工夫すること。

◎保育所保育指針——抜粋
（平成29年　厚生労働省 告示）

第2章　ねらい及び内容

1　乳児保育に関わるねらい及び内容

（1）基本的事項

ア　乳児期の発達については、視覚、聴覚などの感覚や、座る、はう、歩くなどの運動機能が著しく発達し、特定の大人との応答的な関わりを通じて、情緒的な絆（きずな）が形成されるといった特徴がある。これらの発達の特徴を踏まえて、乳児保育は、愛情豊かに、応答的に行われることが特に必要である。

イ　本項においては、この時期の発達の特徴を踏まえ、乳児保育の「ねらい」及び「内容」については、身体的発達に関する視点「健やかに伸び伸びと育つ」、社会的発達に関する視点「身近な人と気持ちが通じ合う」及び精神的発達に関する視点「身近なものと関わり感性が育つ」としてまとめ、示している。

ウ　本項の各視点において示す保育の内容は、第1章の2に示された養護における「生命の保持」及び「情緒の安定」に関わる保育の内容と、一体となって展開されるものであることに留意が必要である。

（2）ねらい及び内容

ア　健やかに伸び伸びと育つ

健康な心と体を育て、自ら健康で安全な生活をつくり出す力の基盤を培う。

（ア）ねらい

① 身体感覚が育ち、快適な環境に心地よさを感じる。

② 伸び伸びと体を動かし、はう、歩くなどの運動をしようとする。

③ 食事、睡眠等の生活のリズムの感覚が芽生える。

（イ）内容

① 保育士等の愛情豊かな受容の下で、生理的・心理的欲求を満たし、心地よく生活をする。

② 一人一人の発育に応じて、はう、立つ、歩くなど、十分に体を動かす。

③ 個人差に応じて授乳を行い、離乳を進めていく中で、様々な食品に少しずつ慣れ、食べることを楽しむ。

④ 一人一人の生活のリズムに応じて、安全な環境の下で十分に午睡をする。

⑤ おむつ交換や衣服の着脱などを通じて、清潔になることの心地よさを感じる。

（ウ）内容の取扱い

上記の取扱いに当たっては、次の事項に留意する必要がある。

① 心と体の健康は、相互に密接な関連があるものであることを踏まえ、温かい触れ合いの中で、心と体の発達を促すこと。特に、寝返り、お座り、はいはい、つかまり立ち、伝い歩きなど、発育に応じて、遊びの中で体を動かす機会を十分に確保し、自ら体を動かそうとする意欲が育つようにすること。

② 健やかな心と体を育てるためには望ましい食習慣の形成が重要であることを踏まえ、離乳食が完了期へと徐々に移行する中で、様々な食品に慣れるようにするとともに、和やかな雰囲気の中で食べる喜びや楽しさを味わい、進んで食べようとする気持ちが育つようにすること。なお、食物アレルギーのある子どもへの対応については、嘱託医等の指示や協力の下に適切に

対応すること。
イ 身近な人と気持ちが通じ合う
受容的・応答的な関わりの下で、何かを伝えようとする意欲や身近な大人との信頼関係を育て、人と関わる力の基盤を培う。
(ア) ねらい
① 安心できる関係の下で、身近な人と共に過ごす喜びを感じる。
② 体の動きや表情、発声等により、保育士等と気持ちを通わせようとする。
③ 身近な人と親しみ、関わりを深め、愛情や信頼感が芽生える。
(イ) 内容
① 子どもからの働きかけを踏まえた、応答的な触れ合いや言葉がけによって、欲求が満たされ、安定感をもって過ごす。
② 体の動きや表情、発声や喃語(なん)等を優しく受け止めてもらい、保育士等とのやり取りを楽しむ。
③ 生活や遊びの中で、自分の身近な人の存在に気付き、親しみの気持ちを表す。
④ 保育士等による語りかけや歌いかけ、発声や喃語(なん)等への応答を通じて、言葉の理解や発語の意欲が育つ。
⑤ 温かく、受容的な関わりを通じて、自分を肯定する気持ちが芽生える。
(ウ) 内容の取扱い
上記の取扱いに当たっては、次の事項に留意する必要がある。
① 保育士等との信頼関係に支えられて生活を確立していくことが人と関わる基盤となることを考慮して、子どもの多様な感情を受け止め、温かく受容的・応答的に関わり、一人一人に応じた適切な援助を行うようにすること。
② 身近な人に親しみをもって接し、自分の感情などを表し、それに相手が応答する言葉を聞くことを通して、次第に言葉が獲得されていくことを考慮して、楽しい雰囲気の中での保育士等との関わり合いを大切にし、ゆっくりと優しく話しかけるなど、積極的に言葉のやり取りを楽しむことができるようにすること。
ウ 身近なものと関わり感性が育つ
身近な環境に興味や好奇心をもって関わり、感じたことや考えたことを表現する力の基盤を培う。
(ア) ねらい
① 身の回りのものに親しみ、様々なものに興味や関心をもつ。
② 見る、触れる、探索するなど、身近な環境に自分から関わろうとする。
③ 身体の諸感覚による認識が豊かになり、表情や手足、体の動き等で表現する。
(イ) 内容
① 身近な生活用具、玩具や絵本などが用意された中で、身の回りのものに対する興味や好奇心をもつ。
② 生活や遊びの中で様々なものに触れ、音、形、色、手触りなどに気付き、感覚の働きを豊かにする。
③ 保育士等と一緒に様々な色彩や形のものや絵本などを見る。
④ 玩具や身の回りのものを、つまむ、つかむ、たたく、引っ張るなど、手や指を使って遊ぶ。
⑤ 保育士等のあやし遊びに機嫌よく応じたり、歌やリズムに合わせて手足や体を動かして楽しんだりする。
(ウ) 内容の取扱い
上記の取扱いに当たっては、次の事項に留意する必要がある。
① 玩具などは、音質、形、色、大きさなど子どもの発達状態に応じて適切なもの

を選び、その時々の子どもの興味や関心を踏まえるなど、遊びを通して感覚の発達が促されるものとなるように工夫すること。なお、安全な環境の下で、子どもが探索意欲を満たして自由に遊べるよう、身の回りのものについては、常に十分な点検を行うこと。

② 乳児期においては、表情、発声、体の動きなどで、感情を表現することが多いことから、これらの表現しようとする意欲を積極的に受け止めて、子どもが様々な活動を楽しむことを通して表現が豊かになるようにすること。

(3) 保育の実施に関わる配慮事項

ア 乳児は疾病への抵抗力が弱く、心身の機能の未熟さに伴う疾病の発生が多いことから、一人一人の発育及び発達状態や健康状態についての適切な判断に基づく保健的な対応を行うこと。

イ 一人一人の子どもの生育歴の違いに留意しつつ、欲求を適切に満たし、特定の保育士が応答的に関わるように努めること。

ウ 乳児保育に関わる職員間の連携や嘱託医との連携を図り、第3章に示す事項を踏まえ、適切に対応すること。栄養士及び看護師等が配置されている場合は、その専門性を生かした対応を図ること。

エ 保護者との信頼関係を築きながら保育を進めるとともに、保護者からの相談に応じ、保護者への支援に努めていくこと。

オ 担当の保育士が替わる場合には、子どものそれまでの生育歴や発達過程に留意し、職員間で協力して対応すること。

2 1歳以上3歳未満児の保育に関わるねらい及び内容

(1) 基本的事項

ア この時期においては、歩き始めから、歩く、走る、跳ぶなどへと、基本的な運動機能が次第に発達し、排泄の自立のための身体的機能も整うようになる。つまむ、めくるなどの指先の機能も発達し、食事、衣類の着脱なども、保育士等の援助の下で自分で行うようになる。発声も明瞭になり、語彙も増加し、自分の意思や欲求を言葉で表出できるようになる。このように自分でできることが増えてくる時期であることから、保育士等は、子どもの生活の安定を図りながら、自分でしようとする気持ちを尊重し、温かく見守るとともに、愛情豊かに、応答的に関わることが必要である。

イ 本項においては、この時期の発達の特徴を踏まえ、保育の「ねらい」及び「内容」について、心身の健康に関する領域「健康」、人との関わりに関する領域「人間関係」、身近な環境との関わりに関する領域「環境」、言葉の獲得に関する領域「言葉」及び感性と表現に関する領域「表現」としてまとめ、示している。

ウ 本項の各領域において示す保育の内容は、第1章の2に示された養護における「生命の保持」及び「情緒の安定」に関わる保育の内容と、一体となって展開されるものであることに留意が必要である。

(2) ねらい及び内容
ア 健康

健康な心と体を育て、自ら健康で安全な生活をつくり出す力を養う。

（ア）ねらい
① 明るく伸び伸びと生活し、自分から体を動かすことを楽しむ。
② 自分の体を十分に動かし、様々な動きをしようとする。
③ 健康、安全な生活に必要な習慣に気付き、自分でしてみようとする気持ちが育つ。
（イ）内容
① 保育士等の愛情豊かな受容の下で、安定感をもって生活をする。
② 食事や午睡、遊びと休息など、保育所における生活のリズムが形成される。
③ 走る、跳ぶ、登る、押す、引っ張るなど全身を使う遊びを楽しむ。
④ 様々な食品や調理形態に慣れ、ゆったりとした雰囲気の中で食事や間食を楽しむ。
⑤ 身の回りを清潔に保つ心地よさを感じ、その習慣が少しずつ身に付く。
⑥ 保育士等の助けを借りながら、衣類の着脱を自分でしようとする。
⑦ 便器での排泄に慣れ、自分で排泄ができるようになる。
（ウ）内容の取扱い
上記の取扱いに当たっては、次の事項に留意する必要がある。
① 心と体の健康は、相互に密接な関連があるものであることを踏まえ、子どもの気持ちに配慮した温かい触れ合いの中で、心と体の発達を促すこと。特に、一人一人の発育に応じて、体を動かす機会を十分に確保し、自ら体を動かそうとする意欲が育つようにすること。
② 健康な心と体を育てるためには望ましい食習慣の形成が重要であることを踏まえ、ゆったりとした雰囲気の中で食べる喜びや楽しさを味わい、進んで食べようとする気持ちが育つようにすること。なお、食物アレルギーのある子どもへの対応については、嘱託医等の指示や協力の下に適切に対応すること。
③ 排泄の習慣については、一人一人の排尿間隔等を踏まえ、おむつが汚れていないときに便器に座らせるなどにより、少しずつ慣れさせるようにすること。
④ 食事、排泄、睡眠、衣類の着脱、身の回りを清潔にすることなど、生活に必要な基本的な習慣については、一人一人の状態に応じ、落ち着いた雰囲気の中で行うようにし、子どもが自分でしようとする気持ちを尊重すること。また、基本的な生活習慣の形成に当たっては、家庭での生活経験に配慮し、家庭との適切な連携の下で行うようにすること。

イ　人間関係
他の人々と親しみ、支え合って生活するために、自立心を育て、人と関わる力を養う。
（ア）ねらい
① 保育所での生活を楽しみ、身近な人と関わる心地よさを感じる。
② 周囲の子ども等への興味や関心が高まり、関わりをもとうとする。
③ 保育所の生活の仕方に慣れ、きまりの大切さに気付く。
（イ）内容
① 保育士等や周囲の子ども等との安定した関係の中で、共に過ごす心地よさを感じる。
② 保育士等の受容的・応答的な関わりの中で、欲求を適切に満たし、安定感をもって過ごす。
③ 身の回りに様々な人がいることに気付き、徐々に他の子どもと関わりをもって遊ぶ。
④ 保育士等の仲立ちにより、他の子どもとの関わり方を少しずつ身につける。

⑤ 保育所の生活の仕方に慣れ、きまりがあることや、その大切さに気付く。
⑥ 生活や遊びの中で、年長児や保育士等の真似をしたり、ごっこ遊びを楽しんだりする。
(ウ) 内容の取扱い
　上記の取扱いに当たっては、次の事項に留意する必要がある。
① 保育士等との信頼関係に支えられて生活を確立するとともに、自分で何かをしようとする気持ちが旺盛になる時期であることに鑑み、そのような子どもの気持ちを尊重し、温かく見守るとともに、愛情豊かに、応答的に関わり、適切な援助を行うようにすること。
② 思い通りにいかない場合等の子どもの不安定な感情の表出については、保育士等が受容的に受け止めるとともに、そうした気持ちから立ち直る経験や感情をコントロールすることへの気付き等につなげていけるように援助すること。
③ この時期は自己と他者との違いの認識がまだ十分ではないことから、子どもの自我の育ちを見守るとともに、保育士等が仲立ちとなって、自分の気持ちを相手に伝えることや相手の気持ちに気付くことの大切さなど、友達の気持ちや友達との関わり方を丁寧に伝えていくこと。

ウ　環境
　周囲の様々な環境に好奇心や探究心をもって関わり、それらを生活に取り入れていこうとする力を養う。
(ア) ねらい
① 身近な環境に親しみ、触れ合う中で、様々なものに興味や関心をもつ。
② 様々なものに関わる中で、発見を楽しんだり、考えたりしようとする。
③ 見る、聞く、触るなどの経験を通して、感覚の働きを豊かにする。
(イ) 内容
① 安全で活動しやすい環境での探索活動等を通して、見る、聞く、触れる、嗅ぐ、味わうなどの感覚の働きを豊かにする。
② 玩具、絵本、遊具などに興味をもち、それらを使った遊びを楽しむ。
③ 身の回りの物に触れる中で、形、色、大きさ、量などの物の性質や仕組みに気付く。
④ 自分の物と人の物の区別や、場所的感覚など、環境を捉える感覚が育つ。
⑤ 身近な生き物に気付き、親しみをもつ。
⑥ 近隣の生活や季節の行事などに興味や関心をもつ。
(ウ) 内容の取扱い
　上記の取扱いに当たっては、次の事項に留意する必要がある。
① 玩具などは、音質、形、色、大きさなど子どもの発達状態に応じて適切なものを選び、遊びを通して感覚の発達が促されるように工夫すること。
② 身近な生き物との関わりについては、子どもが命を感じ、生命の尊さに気付く経験へとつながるものであることから、そうした気付きを促すような関わりとなるようにすること。
③ 地域の生活や季節の行事などに触れる際には、社会とのつながりや地域社会の文化への気付きにつながるものとなることが望ましいこと。その際、保育所内外の行事や地域の人々との触れ合いなどを通して行うこと等も考慮すること。

エ　言葉
　経験したことや考えたことなどを自分なりの言葉で表現し、相手の話す言葉を聞

こうとする意欲や態度を育て、言葉に対する感覚や言葉で表現する力を養う。
(ア) ねらい
① 言葉遊びや言葉で表現する楽しさを感じる。
② 人の言葉や話などを聞き、自分でも思ったことを伝えようとする。
③ 絵本や物語等に親しむとともに、言葉のやり取りを通じて身近な人と気持ちを通わせる。
(イ) 内容
① 保育士等の応答的な関わりや話しかけにより、自ら言葉を使おうとする。
② 生活に必要な簡単な言葉に気付き、聞き分ける。
③ 親しみをもって日常の挨拶に応じる。
④ 絵本や紙芝居を楽しみ、簡単な言葉を繰り返したり、模倣をしたりして遊ぶ。
⑤ 保育士等とごっこ遊びをする中で、言葉のやり取りを楽しむ。
⑥ 保育士等を仲立ちとして、生活や遊びの中で友達との言葉のやり取りを楽しむ。
⑦ 保育士等や友達の言葉や話に興味や関心をもって、聞いたり、話したりする。
(ウ) 内容の取扱い
上記の取扱いに当たっては、次の事項に留意する必要がある。
① 身近な人に親しみをもって接し、自分の感情などを伝え、それに相手が応答し、その言葉を聞くことを通して、次第に言葉が獲得されていくものであることを考慮して、楽しい雰囲気の中で保育士等との言葉のやり取りができるようにすること。
② 子どもが自分の思いを言葉で伝えるとともに、他の子どもの話などを聞くことを通して、次第に話を理解し、言葉による伝え合いができるようになるよう、気持ちや経験等の言語化を行うことを援助す

るなど、子ども同士の関わりの仲立ちを行うようにすること。
③ この時期は、片言から、二語文、ごっこ遊びでのやり取りができる程度へと、大きく言葉の習得が進む時期であることから、それぞれの子どもの発達の状況に応じて、遊びや関わりの工夫など、保育の内容を適切に展開することが必要であること。

オ　表現
感じたことや考えたことを自分なりに表現することを通して、豊かな感性や表現する力を養い、創造性を豊かにする。
(ア) ねらい
① 身体の諸感覚の経験を豊かにし、様々な感覚を味わう。
② 感じたことや考えたことなどを自分なりに表現しようとする。
③ 生活や遊びの様々な体験を通して、イメージや感性が豊かになる。
(イ) 内容
① 水、砂、土、紙、粘土など様々な素材に触れて楽しむ。
② 音楽、リズムやそれに合わせた体の動きを楽しむ。
③ 生活の中で様々な音、形、色、手触り、動き、味、香りなどに気付いたり、感じたりして楽しむ。
④ 歌を歌ったり、簡単な手遊びや全身を使う遊びを楽しんだりする。
⑤ 保育士等からの話や、生活や遊びの中での出来事を通して、イメージを豊かにする。
⑥ 生活や遊びの中で、興味のあることや経験したことなどを自分なりに表現する。
(ウ) 内容の取扱い
上記の取扱いに当たっては、次の事項に留意する必要がある。

① 子どもの表現は、遊びや生活の様々な場面で表出されているものであることから、それらを積極的に受け止め、様々な表現の仕方や感性を豊かにする経験となるようにすること。
② 子どもが試行錯誤しながら様々な表現を楽しむことや、自分の力でやり遂げる充実感などに気付くよう、温かく見守るとともに、適切に援助を行うようにすること。
③ 様々な感情の表現等を通じて、子どもが自分の感情や気持ちに気付くようになる時期であることに鑑み、受容的な関わりの中で自信をもって表現をすることや、諦めずに続けた後の達成感等を感じられるような経験が蓄積されるようにすること。
④ 身近な自然や身の回りの事物に関わる中で、発見や心が動く経験が得られるよう、諸感覚を働かせることを楽しむ遊びや素材を用意するなど保育の環境を整えること。

(3) **保育の実施に関わる配慮事項**

ア 特に感染症にかかりやすい時期であるので、体の状態、機嫌、食欲などの日常の状態の観察を十分に行うとともに、適切な判断に基づく保健的な対応を心がけること。
イ 探索活動が十分できるように、事故防止に努めながら活動しやすい環境を整え、全身を使う遊びなど様々な遊びを取り入れること。
ウ 自我が形成され、子どもが自分の感情や気持ちに気付くようになる重要な時期であることに鑑み、情緒の安定を図りながら、子どもの自発的な活動を尊重するとともに促していくこと。
エ 担当の保育士が替わる場合には、子どものそれまでの経験や発達過程に留意し、職員間で協力して対応すること。

【監修者紹介】

谷田貝公昭（やたがい・まさあき）
　　目白大学名誉教授
［主な著書］『しつけ事典』（監修、一藝社、2013年）、『新版・保育用語辞典』（編集代表、一藝社、2016年）、『実践・保育内容シリーズ［全6巻］』（監修、一藝社、2014～2015年）、『絵でわかるこどものせいかつずかん［全4巻］』（監修、合同出版、2012年）ほか多数

【編著者紹介】

竹井　史（たけい・ひとし）
　　愛知教育大学教授
［主な著書］『作って遊べる子どものart book まいにちぞうけい115』（単著、メイト、2017年）、『どろんこ遊び・水あそび・プール遊び180』（単著、ひかりのくに、2011年）、『どんぐり・落ち葉・まつぼっくり製作BOOK』（同左）、『遊びづくりの達人になる3,4,5歳の遊び55』全3巻（編著、明治図書、2011年）『子どもの表現活動と保育者の役割』（共著、明治図書、1998年）ほか多数

【執筆者紹介】（五十音順）

石川博章（いしかわ・ひろあき）　　［第8章］
　　愛知学泉短期大学教授

おかもとみわこ　　　　　　　　　　［第10章］
　　目白大学人間学部教授

塩見知利（しおみ・ともとし）　　　［第7章］
　　大谷大学教育学部教授

竹井　史（たけい・ひとし）　　　　［第1章］
　　〈編著者紹介参照〉

竹井　史（たけい・ひとし）　　　　［第3章］
　　〈編著者紹介参照〉

手良村昭子（てらむら・あきこ）　　［第11章］
　　大阪総合保育大学児童保育学部教授

中尾泰斗（なかお・たいと）　　　　［第9章］
　　福岡女学院大学人間関係学部講師

難波章人（なんば・あきと）　　　　［第13章］
　　純真短期大学講師

福井一尊（ふくい・かずたか）　　　［第6章］
　　島根県立大学人間文化学部准教授

藤田雅也（ふじた・まさや）　　　　［第5章］
　　静岡県立大学短期大学部准教授

松下明生（まつした・あきお）　　　［第14章］
　　名古屋柳城短期大学准教授

真宮美奈子（まみや　みなこ）　　　［第12章］
　　鎌倉女子大学児童学部准教授

宮野　周（みやの・あまね）　　　　［第4章］
　　十文字学園女子大学人間生活学部准教授

森高光広（もりたか・みつひろ）　　［第15章］
　　植草学園大学発達教育学部教授

山村達夫（やまむら・たつお）　　　［第2章］
　　宇都宮大学客員教授

装丁（デザイン）本田いく
　　（イラスト）ふじたかなこ
図表作成　　　蛮ハウス

コンパクト版保育内容シリーズ⑥
造形表現

2018年3月22日　初版第1刷発行
2019年3月25日　初版第2刷発行
2021年3月1日　初版第3刷発行
監修者　谷田貝 公昭
編著者　竹井 史
発行者　菊池公男
発行所　株式会社 一藝社
〒160-0014 東京都新宿区内藤町1-6
Tel. 03-5312-8890　Fax. 03-5312-8895
E-mail : info@ichigeisha.co.jp
HP : http://www.ichigeisha.co.jp
振替　東京 00180-5-350802
印刷・製本　シナノ書籍印刷株式会社

©Masaaki Yatagai 2018 Printed in Japan
ISBN 978-4-86359-155-4 C3037
乱丁・落丁本はお取り替えいたします